長野県飯田下伊那の
満洲移民関係資料目録

齊藤 俊江 著

ジャムスへ着いた開拓花嫁と出迎える男性（夫）1934 年（長沼とめ子さん提供）

JN062740

不二出版

広域市町村圏別地域区分図

（令和元年8月1日現在）

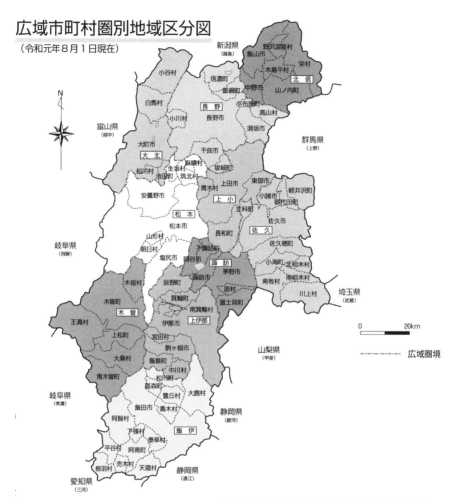

N

富山県
（越中）

新潟県
（越後）

小谷村

白馬村

小川村

信濃町

飯綱町

飯山市

野沢温泉村

木島平村

栄村

中野市

山ノ内町

北 信

長 野

長野市

小布施町

高山村

須坂市

群馬県
（上野）

大町市

大 北

千曲市

松川村

生坂村

池田町

麻績村

筑北村

坂城町

青木村

上田市

東御市

軽井沢町

小諸市

御代田町

立科町

佐久市

佐 久

安曇野市

上 小

岐阜県
（飛騨）

松 本

松本市

山形村

朝日村

塩尻市

長和町

佐久穂町

小海町

北相木村

南相木村

南牧村

川上村

埼玉県
（武蔵）

下諏訪町

岡谷市

諏 訪

諏訪市

茅野市

原村

富士見町

木祖村

辰野町

箕輪町

南箕輪村

伊那市

上伊那

王滝村

木曽町

木 曽

上松町

宮田村

駒ヶ根市

山梨県
（甲斐）

大桑村

飯島町

中川村

松川町

南木曽町

高森町

豊丘村

大鹿村

静岡県
（駿河）

岐阜県
（美濃）

飯田市

阿智村

喬木村

飯 伊

下條村

泰阜村

平谷村

阿南村

売木村

天龍村

根羽村

静岡県
（遠江）

愛知県
（三河）

0　　　　20km

-·-·-·-·-·- 広域圏境

「2020年版長野県民手帳」（長野県統計協会）より

序　目録刊行にあたって

森 武麿（一橋大学名誉教授）

目録刊行を祝う

　このたび『長野県飯田下伊那の満洲移民関係資料目録』が地元の研究者齊藤俊江さんの手によって刊行されることになり、こんなに嬉しいことはありません。

　嬉しい意味は二つあります。一つは満洲移民の研究者にとって長野県飯田下伊那地域の悉皆的な満洲移民資料目録の刊行は長年待望するものであったからです。いうまでもなく長野県は戦時中に満洲移民の送出人数で最大を記録した県です。さらに長野県内でも飯田下伊那地方は満洲移民の送出率が一番高く、全国においても住民人口比率で最大の送出割合を示す地域であります。まさに飯田下伊那は満洲移民送出の全国レベルの模範地域であるのです。この地域の満洲移民関係資料目録が完成したことは、満洲移民研究者のみならず内外移民研究者、さらに日本近現代史研究者にとってこのうえない朗報です。これによって満洲移民研究は一段と進むことでしょう。

　もう一つ嬉しいことは、この資料目録が地元研究者である齊藤俊江さんによって刊行されたことです。私が飯田下伊那地方の調査に入ってから十数年、この地域の研究をするためには、いつも齊藤さんの資料情報に頼っていました。共同研究者として齊藤さんと一緒に執筆した飯田市歴史研究所編『満州移民 —— 飯田下伊那からのメッセージ』（現代史料出版、2007 年）は、齊藤さんがいなければできないものでした。またそのあと満洲開拓民の引揚げ後の戦後開拓研究も齊藤さんと飯田の向山敦子さんとご一緒に調査報告書を作成してきました。

　齊藤さんは地元生まれで、若い時から飯田市立中央図書館の司書の仕事をして地域資料を発掘整理されており、そのあと飯田市歴史研究所が設立されると調査研究員として幅広く飯田地域資料に目を通されてきました。とくに飯田下伊那で満洲開拓民の聞き取りを 10 年にわたって続けた「満蒙開拓を語りつぐ会」の活動の中心を担ったのは齊藤さんです。『下伊那のなかの満洲 —— 聞き書き報告集』全 10 集はその成果

です。ここでは文献資料から聞き書きによるオーラルヒストリーにも活動を広げています。こうして齊藤さんは飯田下伊那の満洲移民の資料調査と聞き書きを基礎とした研究を25年以上続けています。

　本目録を一覧してみると、この満洲移民資料の整理刊行は齊藤さんの生涯をかけた仕事のひとつの総括でもあると思います。ここに掲載された図書と資料のすべてが身近にいた齊藤さんの手によって整理され分類され、ある時にはその情報は研究者に供され、ある時には自らの作品として生み出されてきました。このように飯田下伊那満洲移民目録が最適の著者によって刊行されたことを喜びたいと思います。

　　目録の内容と意義

　本目録の内容とその意義について述べておきます。飯田下伊那に関する本満洲移民目録は歴史資料目録と出版物・写真・映像・音声目録の2部で構成されています。

　第1部歴史資料目録ではこの地域の役場史料から満洲移民だけでなく、昭和恐慌後の農村経済更生運動から戦後引揚げ者援護活動、国内再開拓（戦後開拓）まで、さらには海外移民におよぶ関係書類が一覧できます。これを見るだけも本目録に掲載された資料は当該研究者にとって垂涎の的です。また役場行政文書だけでなく、移民者の名簿や身上書にはじまり、移民団長と団員、青少年義勇軍から役場に送られてきた手紙をまとめた来翰綴まで目録化されています。ここからは満蒙開拓者の生きた姿と声を知ることができます。

　さらに行政文書だけでなく、長野県移民に深くかかわった下伊那町村長会、下伊那教育会、信濃教育会、信濃海外協会など、県と民間をつなぐ中間団体の資料が一括して目録化されています。それぞれの団体の満洲移民視察報告書などの貴重な資料の所在がわかります。また下伊那教育会所蔵史料では、教育会が送り出した満蒙開拓青少年義勇軍の拓務講習感想文が残されていたことがわかります。

　その他の歴史資料として飯田下伊那では昭和3年から刊行される村の「時報・村報」の所在一覧がわかります。満洲移民を村当局が当時どのように報じていたのかを知る恰好の素材です。また満洲移民を報道した地域新聞を紹介し、地域メディアの役割にも目を広げています。

　また満洲移民に関係する個人所蔵資料の目録もあります。とくに『胡桃澤盛日記』、『飯田下伊那の少年たちの満州日記』、『宮下功「満洲紀行」』は飯田市歴史研究所で翻

刻されたもので貴重な個人日記です。当該刊行物だけでなく原本コピーがあることが
わかります。またその他の同研究所が所蔵する個人所蔵史料がわかります。行政文書
ではわからない満洲移民を体験した民衆一人ひとりの姿と思いを知ることができます。

　最後に本目録の3分の1を占めるのが第2部出版物・写真・映像・音声目録です。
飯田下伊那に関係する満洲移民関係図書と論文です。満洲移民関係だけでなく引揚げ
から戦後再開拓の図書、論文も含まれています。これを見ることによって飯田下伊那
の満洲移民について戦前から文献図書としてどのようなものが残されてきたのか、ま
た戦後の研究書・論文を見ることによって、飯田下伊那地域の満洲移民研究がどのよ
うに展開してきたかを知ることができるでしょう。これらには研究者として必要な飯
田下伊那満洲開拓の文献リストの一覧もあります。

　さらに飯田下伊那地域の市町村史、町村区史の満洲移民叙述、「満蒙開拓を語りつ
ぐ会」のオーラルヒストリー報告集である『下伊那のなかの満洲』1〜10集の聞き
書き集の話し手、『下伊那から満州を考える』1〜4集の一覧がわかります。

　とくに「語られた満洲開拓」（音声）としてまとめられたのは貴重な音声資料目録
です。これは飯田下伊那地域独自の「満蒙開拓を語りつぐ会」が、10年以上にわたっ
て収集してきた満洲移民の聞き書き時の音声テープ・CDの目録であり、その音声資
料の目録と所在がわかります。同時に聞き取り時の元開拓民の写真と本人が所蔵して
いた満洲移民関係の写真なども集めており、文献だけでなく音声、写真など非文字資
料に関しても貴重な飯田下伊那の地域資料目録となっています。

　そして本目録の最後には映像目録があります。テレビと映画で取り上げた飯田下伊
那の満洲移民番組の一覧を明らかにしています。近年の研究は文献史学を超えて映像
メディアの活躍が目覚ましいため、テレビや映画での満洲移民像もこれからの研究に
不可欠な素材となっています。その意味で映像文化の面で飯田下伊那の満洲移民の評
価は全国的にも注目されてきていることが分かります。

　以上のように、本目録は全国的には焼却廃棄されたといわれる満洲移民関係の役場
史料、また散逸したという個人資料を、飯田下伊那地域に密着して悉皆的調査によっ
て現在可能な限り収集整理した成果であり、また従来のような文献目録集だけではな
く、最新の研究方法を取り入れながら、オーラルヒストリーの原資料として音声資料、
さらに開拓民の所有する写真資料、テレビ・映画などの映像資料を収集し、目録化し

たことに意義があります。

　現在グローバル化する世界で移民問題が深刻化するなか、『長野県飯田下伊那の満洲移民関係資料目録』は移民研究者のみならず、日本近現代史、歴史社会学、メディア研究者など多様な研究分野の人が、ぜひとも手に取り上げて参考にしてほしい一冊です。(2020年3月)

目録作成にあたって

　昭和初期から太平洋戦争期に、長野県南部の飯田下伊那地方からおよそ 8,400 人もの人々が、「満洲農業移民」・「青少年義勇軍」として、現在の中国東北部の「満洲国」へと送られた。その数は同地域人口比率の 4.5 ％にあたる。この値は全国一といわれている。

　しかしこの地域では、こうした歴史的事実が公にされることを恐れてきた。それは、当時の為政者や村のリーダー、教育者たちが先導して、「土地の豊かな満洲へ、さあ、行こう」と送り出したが、命を落としたり、現地に残留するなど、約半数の人が満洲から帰国できなかったからである。戦後、先導・煽動した人たちは、国策に沿っただけだ、と言うだけで、その責任を自ら問うことも、満洲移民の歴史に真摯に向き合うこともなかった。送り出した側、送り出された側、双方の関係者が存命されており、何よりも地域の連帯が優先されたからであろう。

　現在、憧れとされた満洲国は歴史の彼方に消え、移民として渡った方々のうち、そこで亡くなられた方々については忘れ去られ、その歴史については詳しい検証もなされず、過去の闇の中に葬られつつある。

　長野県全域から 37,000 人の満洲移民を送り出し、県別では全国 1 位。その数は、2 位の山形県 17,000 人の 2 倍にも上る。その理由として、長野県全域が養蚕業に特化し、昭和恐慌の影響を受けて貧しかったから仕方がなかった、という声が少なくない。しかし、渡満比率の高かった長野県全域、そして飯田下伊那地方だけが、繭価低落の影響を受けて貧しかったわけではない。東北地方のように、娘を身売りに出すほど貧しくもなく、また 1940（昭和 15）年満洲移民の大量送出期には、繭の値段は上昇してきていたにもかかわらず、分村・分郷で多くの人々が満洲へ送られたのである。

　また移民をした人たちは、渡満先でどのような生活を送ったのだろうか。そして、現地の住民たちと「協和」できたのだろうか。

　この山深い飯田下伊那地方では、なぜ、国の政策を先取りしてまで大量の満洲移民

を送り出してしまったのだろうか。

　渡満までの経過、満洲での生活実態、逃避行から帰国までの過程、また帰国してからの生活を調査・研究して記録に残し、再び悲劇を繰り返さないために、後世に伝えることが、私たちが担うべき課題ではないだろうか。

　私は30年程前から「地域社会の中の満洲移民問題」に関心を持ち、この問題を研究テーマとしてきた。多くの人たちの支えを得て、資料を収集・調査し、また満洲からの帰国者の聞き取りを、地元の方たちと行ってきた。しかしまだまだ途半ばである。

　今回、これまで調査・研究で把握した資料を基に、飯田下伊那地方の満洲開拓・移民についての、行政資料、関係機関の記録、研究書、論文、個人の日記、写真、聞き取りなど、可能な限り網羅した目録を作成した。そして満洲で亡くなった方たちを慰霊しながら、過去の過ちの教訓を生かして、平和な社会を多くの人たちと協同して築き上げたいと思う。

　本目録が、今後「満洲移民」について研究される方々の参考になれば幸いである。

　　2020年3月

　　　　　　　　　　　　　　　　　　　　　　　　　　　　　　齊藤　俊江

長野県飯田下伊那の満洲移民関係資料目録
◇目　次◇

第Ⅰ部　歴史資料目録

〈資料〉満洲移民概要

1. 満洲移民送出数　県別上位5県

1	長野県	37,859 人	人口比率	2.3%
2	山形県	17,177 人	人口比率	1.6%
3	熊本県	12,680 人	人口比率	0.9%
4	福島県	12,673 人	人口比率	0.8%
5	新潟県	12,651 人	人口比率	0.6%
	全　国	321,882 人	人口比率	0.4%

『満州開拓史』満州開拓史復刊委員会編
（全国拓友協議会、1980 年）より作成。

2. 年別満洲移民送出数（全国）

1932 年～ 1936 年　　　全国から募集して試験移民送出

1936 年　　7,707 人　　広田内閣、満洲開拓を国策に決定、20 年間に 100 万戸 500 万人

1937 年　　7,788 人　　青少年義勇軍創設。集合移民・自由移民開始。日中戦争開始

1938 年　30,196 人　　分村移民・分郷移民開始

1939 年　40,423 人

1940 年　50,889 人　　商工業廃業者の渡満促進

1941 年　35,774 人　　太平洋戦争突入

1942 年　27,149 人　　「皇国農村確立促進ニ関スル件」閣議決定。ガダルカナル戦敗退

1943 年　25,129 人　　皇国農村指定。アッツ島玉砕、学徒動員

1944 年　23,650 人

1945 年　13,545 人

人数は 2016 年 8 月 14 日放映ＮＨＫスペシャル「村人は満州へ送られた～ 71 年目の真実」資料より引用。
試験移民の人数は含まれていない。事項は著者による。

3. 満洲移民種別

・試験（武装）移民——1932 年から 1935 年まで在郷軍人会が中心になり武装させて送り出した。
　　　第 1 回目は長野県より北の県から 423 人、長野県が 39 人。2 年後には開拓花嫁が送られた。

・全県編成開拓団——長野県単独で県が作った開拓団　4 ヵ所。

・集合・農工・帰農移民——商工業帰農者等で作った小さな開拓団　11 ヵ所。

・自由移民——民間の人や団体が募集し作った開拓団。満鉄自警村など　6 ヵ所。

・分村移民——ひとつの村を分け、母村と同名の開拓団を満洲へ作り移民した。長野県内から 12 ヵ所。

・分郷移民——近隣の村が合同で満洲へ開拓団を作り移民した。長野県内から 24 ヵ所。

・報国農場——食糧増産のため、青年男女が渡満、1 年間集団生活をし農作業や教練をした。長
　　　野県では農業会など 4 つの農場が作られた。

・勤労奉仕隊——分村した母村から青年が農作業の忙しいときだけ働きに行った。

・青少年義勇軍——満 14 歳から 19 歳の青少年が茨城県内原訓練所で 2 ～ 3 ヵ月訓練を受け、渡
　　　満し 3 年間訓練所で働き、開拓団をつくり移行した。全国混成義勇隊開拓団 20 ヵ所、長
　　　野県単独義勇隊 11 ヵ所。

『長野県満州開拓史　各団編』（長野県開拓自興会満州開拓史刊行会、1984 年）より作成。

4. 昭和 10 年当時の下伊那町村図

『下伊那のなかの満洲 別冊記録集』（満蒙開拓を語りつぐ会、2012 年）より転載。

5. 長野県郡市別移民者数

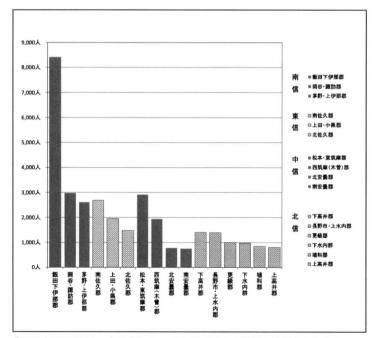

『長野県満州開拓史 名簿編』（1984 年）及び県立長野歴史館調査より作成。

凡例

・ 表配列の「No」は資料の記述の順番に著者が付したものである。

・「文書番号」または「番号」は所蔵者が付したものである。

・ 目録の項目配列は資料群の特性からその資料群にあった記述となっている。

・ 原則として原本の表示どおりに記述したが、固有名詞以外旧漢字は新漢字に改
　め、明らかな誤字は修正した。

・ 年代の表記は資料が和暦の場合は解説も和暦を使った。

第Ⅰ部
歴史資料目録

1. 旧役場所蔵の満洲開拓関係文書

解　説

　昭和 12（1937）年 1 月の時点で飯田下伊那地方には、2 町 42 村があった。本調査では、当時の村役場文書を対象とした。

　なお、敗戦と同時に全国で兵事に関する文書は焼却され、満洲開拓関係文書もその中に含まれていた。その証に伊賀良村の役場に次のような文書が残されている。昭和 21 年「村会書類」12 其ノ他事項で

　　〈国民動員ニ関スル事項・翼賛会ニ関スル事項・移民ニ関スル事項、軍用保護馬
　　鍛錬ニ関スル事項等ハ終戦直後書類処分ニ付キ記事ナシ銃後奉仕会ニ関スル事項
　　モ記事ヲ差控フ〉

とある。また、千代村には県へ報告した廃棄文書名の控えも残されている。敗戦と同時に県から廃棄命令が出て、役場職員が焼却などをして廃棄したものと思われる。しかし、全部または部分だけを残している村もある。ただし、戦後の町村合併や庁舎の建て替えなどにより、役場文書全体が廃棄されたのか不明な村や土地・戸籍関係だけが残っている村などもある。

　今回調査した満洲開拓関係文書は「開拓関係綴」・「村会議事録」・「予算書」・「年次報告書」・「日誌」・「町村会関係綴」など、広範囲に及ぶ。しかしここでは簿冊の表紙に移民、開拓、移植民、移民後援会、引揚関係、引揚援護会などと明記されたもののみを収録した。簿冊の表紙に「開拓」などと書かれていなくても、村会議事録の中には必ず送出経過が記録されているので、これらの精査が必要となる。

　今回調査できたのは現 飯田市の全域である川路村・三穂村・伊賀良村・千代村・下久堅村・龍江村・松尾村・山本村・竜丘村・上久堅村・座光寺村・鼎 村・上郷村・

旧飯田市（飯田市政をしいた 1937 年〜1956 年）・南信濃村・上村であるが、旧飯田市・鼎村・南信濃村・上村には該当の綴りが見当たらない。

　また下伊那郡内で調査済みの村役場は、大島村・生田村・喬木村・泰阜村・会地村・清内路村・浪合村・山吹村・旦開村であり、上記のうち、山吹村・旦開村は該当簿冊が見当たらない。

　未整理のため、今回調査不可能な役場文書は、伍和村・智里村・市田村、そして役場文書全体が廃棄されたのか所在が確認できない村は、神稲村・河野村である。

　この他、調査できていないのは、大鹿村・現天龍村（旦開村除く）・阿南町・下條村・売木村・平谷村・根羽村の 7 村である。

　収集した年代の範囲は、経済更生計画（川路村・大島村）の始まった昭和 7（1932）年頃から、引揚関係、戦後再開拓の終わる昭和 30（1955）年頃までである。引揚・再開拓については、軍人の引揚者や満洲帰国者の書類も混在している。また役場内では厚生関係書類の中に残されていたものもある。

　最初に、下伊那地方の満洲開拓過程の全貌を知ることができる、川路村役場に残されていた関連史料目録を掲載した。川路村には約 12,000 点の役場史料が残されているため、本書に収録した以外にも「村会議事録」、「町村長会資料」、役場の「日誌」など、たくさん保存されているのでぜひ参照されたい。川路村は下伊那郡内の中ではいち早く昭和 13（1938）年 4 月 5 日に村民大会を開き、分村を決定し、人口比 13％を渡満させた。こうした村が、国・県・満洲からの便りやフィルムなどを残していることは、下伊那全体の動きを知る上でも貴重な史料群だといえる。

　川路村は昭和 36（1961）年 6 月水害に遭い、役場も被害を受けて文書の一部は失われたが、満洲開拓に関するこれだけの文書群が残されたのは、役場職員や地域住民の積極的姿勢によるものであろう。

　他の村々では、戦時中の「開拓関係綴」など廃棄したところが多い。分村した上久堅・河野・泰阜村などでは、その廃棄が、当時の為政者の判断によるものかどうかも今後研究すべき課題である。

　これらの史料の閲覧方法は、現 飯田市の範囲は飯田市歴史研究所へ、他の町村の場合は各町村の資料館、または役場へ事前に連絡し、現地へ出向き、公開規定に準じて閲覧することができる。メール、手紙で取り寄せることは不可である。

（1）川路村役場文書（現 飯田市）

かわじ

No	文書番号	文書名	作成年	作成者	形態
1	406-1	満蒙事変記録	昭和6年	川路村出征軍人慰問会	綴
2	181-12	川路村経済改善委員会綴	昭和7年	川路村役場	綴
3	206-5	「経済改善必業事項」・「川路村農業会会則」・「経済更生計画及其実行費」・「川路村経済更生計画」	昭和7年	——	綴
4	277-10	経済改善委員会関係綴	昭和7年	川路村役場	綴
5	406-2	経済更生計画及其実行費	昭和7年	長野県下伊那郡川路村	綴
6	406-3	経済更生計画及其実行費	昭和7年	下伊那郡川路村	綴
7	253-4	青少年義勇軍	昭和11年	——	状
8	295-3	下伊那郡経済更生計画中生産増殖ニ関スル実現状況並ニ再検討案	昭和11年	下伊那郡経済改善委員会他	冊子
9	406-4	移民関係書類綴	昭和11年度	川路村役場	綴
10	406-5	移殖民関係綴	昭和11年9月	川路村移民後援会	綴
11	407-12	会計簿	昭和11年9月	川路村満洲移民後援会	綴
12	347-34	長野群馬両県経済更生連絡委員会報告書1	昭和12年	長野県群馬県	冊子
13	347-1	移民融通資金簿	昭和12年起	満洲移民後援会	綴
14	406-6	寄付者芳名簿	昭和12年1月	満洲移民後援会	綴
15	406-7	寄付者芳名簿	昭和12年1月	満洲移民後援会	綴
16	406-8	寄付者芳名簿	昭和12年1月	満洲移民後援会	綴
17	406-9	会計簿領収書綴	昭和12年1月	満洲移民後援会	綴
18	181-15	経済更生特別助成事業領収書綴満洲分村雑費	昭和13年	川路村役場	綴
19	181-17	経済更生特別助成事業現金支出簿	昭和13年度	川路村役場	綴
20	181-18	経済更生特別助成事業奉仕人夫出面簿	昭和13年度	川路村役場	綴
21	181-19	経済更生特別助成事業寄付材料受入簿	昭和13年度	川路村役場	綴
22	181-20	経済更生特別助成事業日誌	昭和13年度	川路村役場	綴

No	文書番号	文書名	作成年	作成者	形態
23	210-9-1	満洲農業移民銓衡用紙	昭和13年	――	綴
24	243-20	経済更生特別助成事業低利資金関係綴	昭和13年	川路村	綴
25	291-10	（経済更生事業）県費補給満洲分村移住資金利子補給関係綴	昭和13年度	川路村	綴
26	294-7	経済更生特別助成例規綴	昭和13年度	川路村	綴
27	127-52	経済更生特別助成事業現金出納簿	昭和13年	川路村役場	綴
28	308-22 367-8	経済更生特別助成事業現金出入簿	昭和13年	川路村役場	綴
29	209-18	「移住者家族生活共援台帳」	昭和13年	（川路村役場）	状
30	406-10	宣誓書	昭和13年6月30日	（第1次先遣隊員）	綴
31	406-11	宣誓書	昭和13年6月30日	（第2次先遣隊員）	綴
32	406-12	満洲農業移民地視察報告書	昭和13年7月	下伊那郡町村長会	冊子
33	406-13	満洲農業移民地視察報告記念帳	昭和13年5月	下伊那郡町村長会	写真帳
34	181-21	経済更生特別助成事業領収書綴「満洲分村家族供援会」	昭和13年	川路村役場	綴
35	406-15	満洲分村移民貸附供援金証書類	昭和13年ヨリ	川路村役場	綴
36	406-16	移民関係書類綴	昭和13年	川路村役場	綴
37	406-17	経済更生特別助成計画並ニ助成金交付関係綴	昭和13年	川路村役場	綴
38	406-18	経済更生特別助成庶務雑件綴	昭和13年	下伊那郡川路村	綴
39	406-19	経済更生特別助成事業現金出納簿	昭和13年	下伊那郡川路村	綴
40	406-20	満洲国分村移民ニ関スル綴	昭和13年	川路村役場	綴
41	406-21	経済更生特別助成満洲分村移住事業移民者残留家族共援台帳	昭和13年度指定	下伊那郡川路村	綴
42	407-10	移民一同来翰綴	昭和13年他	（川路村役場）	綴
43	407-11	移民関係来翰綴	昭和13年他	（川路村役場）	綴
44	407-13	経済更生特別助成事業領収書綴「満洲分村助成金」	昭和13年	川路村役場	綴
45	246-11	経済更生特別助成事業現金収入簿	昭和13年度	川路村役場	綴
46	246-12	経済更生特別助成事業借入金原簿	昭和13年度	川路村農会	綴
47	406-14	領収書綴経済更生特別助成事業満洲移民家族供援金	昭和14年	――	綴
48	181-22	経済更生特別助成事業庶務必携	昭和14年	川路村役場	綴

No	文書番号	文書名	作成年	作成者	形態
49	288-6	団長副団長来翰綴（満洲開拓関係書簡綴）	昭和14年	――	綴
50	291-11	満洲開拓女子研修ニ関スル綴	昭和14年度	――	綴
51	309-2	領収書綴	昭和14年	経済更生特別助成事業農民道場	綴
52	367-17	経済更生特別助成事業農民道場兼堆肥舎設計書	昭和14年	下伊那郡川路村	綴
53	346-19	領収証綴（経済更生特別助成事業満洲移民雑費）	昭和14年		綴
54	367-15	第一次先遣隊来翰綴（満洲編）	昭和14年		綴
55	406-22	分村移民台帳	昭和14年	川路村役場	綴
56	406-23	満蒙開拓協会委員名簿	昭和14年	川路村役場	綴
57	406-24	移民雑件	昭和14年	川路村役場	綴
58	406-25	移民関係雑件綴	昭和14年11月1日～	川路村役場	綴
59	210-10	満洲移住者汽車汽船運賃割引証下附願	昭和15年		綴
60	296-8	青少年義勇軍来翰綴	昭和15年	――	綴
61	309-3	領収書綴	昭和15年	経済更生特別助成事業別途	綴
62	309-4	領収書綴	昭和15年	川路村満蒙開拓協會特別會計	綴
63	347-1	領収書綴（経済更生特別助成事業煮繭機）	昭和15年	――	綴
64	396-14	特別助成事業費起債許可稟請書綴	昭和15年	（川路村役場）	綴
65	396-16	満洲開拓年鑑	昭和15年	満洲国通信社	冊子
66	367-18	領収書綴（経済更生特別助成事業満洲分村本隊助成金）	昭和15年	（会計係）	綴
67	407-1	分村開拓民関係綴	昭和15年10月～	川路村役場	綴
68	325-8	開拓民本体来翰綴（満洲開拓関係書簡綴）	昭和15年度	――	綴
69	325-9	随時分徴収原簿（延納分）	昭和15年度	川路村役場	綴
70	168-1	移民関係渡航費割引証下附願綴	昭和16年	川路村役場	綴
71	181-16	領収書綴経済更生特別助成事業共同収益地	昭和16年	――	綴
72	309-20	領収書綴（経済更生特別助成事業満洲移民整理費）	昭和16年		綴

No	文書番号	文書名	作成年	作成者	形態
73	367-31	「満洲移住者汽車汽船運賃割引証下附願」・「満洲農業移民家族渡航費下附願」	昭和16年	――	状
74	〃	「満洲移住者汽車汽船運賃割引證下附願」	昭和16年	（川路村役場）	綴
75	407-2	団報老石房便り綴	昭和16年1月	川路村役場	綴
76	407-3	「満洲分村慰問記行略記」	昭和16年12月4日～20日	――	綴
77	407-23-3	〔書簡〕「前略愈々村長御就任…」（団員の弟戦死による村葬、団葬の事他）	昭和16（康徳8）年6月2日消印	老石房開拓団清水清→川路村長関島彦四郎	状
78	407-23-5	〔書簡〕「前略牧内貢氏送骨奉迎については…」（団葬の時に視察要望）	昭和16（康徳8）年6月10日	老石房川路村清水清→川路村長関島彦四郎	状
79	407-23-8	〔葉書〕「前略昨日佳木斯与り…」（今村悦雄外三名腰林訓練所服務の件）	昭和16年11月4日印	佳木斯より青峯→川路村村長関島彦四郎	葉書
80	407-23-9	〔葉書〕「前略村長御当選御就任…」（30名余を迎え近況報告）	昭和16（康徳8）年5月8日	木蘭にて青峯→川路村村長関島彦四郎	葉書
81	407-4	「開拓民入植状況調査ノ件」	昭和17年	川路村村長→学務部長	綴
82	409-5	分村開拓民関係綴	昭和17年	川路村役場	綴
83	407-23-2	〔書簡〕「前略先般は各種…」（団員急死、団葬の事他）	昭和17年6月26日印	老石房川路村清水清→川路村長関島彦四郎	状
84	407-6	開拓民関係綴	昭和18年度	川路村役場	綴
85	407-7	拓務関係綴	昭和19年度	川路村役場	綴
86	407-24-4	〔書簡〕「前略其後は…」（火災害による物資欠乏につき種米等の要望）	昭和19（康徳11）年10月24日	老石房川路村清水清→川路村長関島彦四郎	状
87	407-8	拓務関係綴	昭和20年度	川路村役場	綴
88	407-9	海外引揚者名簿	昭和20年8月15日以後	川路村役場	綴
89	407-7	〔葉書〕「決戦愈逢四春…」（年頭の挨拶状）	昭和20年1月22日印	老石房川路村清水青峯→関島村長外吏員	葉書
90	289-34	信濃開拓時報（第7号）	昭和20年	長野県開拓協会	冊子
91	178-3	開拓関係綴	昭和21年	川路村役場	綴
92	295-17	開「欠損」（「開拓者援護金交付要領」・「家屋賃貸契約書」・「開拓者住宅援護金交付申請書」他）	昭和21年	川路村役場	綴
93	347-8	清水団長石碑建設会計簿	昭和21年度	――	綴
94	407-14	外地引揚民ニ関スル綴	昭和21年	川路村役場	綴
95	407-17	大陸同胞救援情報	昭和21年	川路村役場	綴
96	407-16	引揚者ニ関スル綴	昭和22年	川路村役場	綴

No	文書番号	文書名	作成年	作成者	形態
97	407-26	引揚者等収容家屋改造費助成承認申請	昭和 22 年 2 月 7 日	福島雅一→長野縣知事	綴
98	407-18	雑件綴	昭和 23 年	同胞援護会川路村分会	綴
99	178-7	開拓関係綴	昭和 24 年	川路村役場	綴
100	407-19	開拓関係綴	昭和 25 年	川路村役場	綴
101	407-27	開拓関係綴	昭和 27 年	川路村役場	綴
102	178-29	開拓（海外移民）	昭和 29 年	川路村役場	綴
103	407-20	開拓関係綴	昭和 30 年	川路村役場	綴
104	407-15	開拓（海外移民）綴	昭和 32 年	川路村役場	綴
105	407-21	開拓関係	昭和 33 年	（川路村役場）	綴
106	407-22	引揚者に関する綴	昭和 24 年度より	川路村役場	綴
107	178-32	開拓関係綴	昭和 35 年	川路村役場	綴
108	11-17	満蒙開拓慰霊碑建立記念碑	昭和 47 年	川路自治協議会満蒙開拓慰霊碑建設委員会	冊子
109	409-25	満蒙開拓慰霊碑建立寄附簿	昭和 47 年	満蒙開拓慰霊之碑建設委員会	冊子
110	409-26	満蒙開拓慰霊碑建立記念誌	昭和 47 年	満蒙開拓慰霊之碑建設委員会	冊子
111	409-27	旧満洲開拓団川路分村遺骨納骨式関係書	昭和 48 年	（川路自治協議会）	綴
112	407-25	（借用証・借用書類の変換について）	昭和 56 年	長野県開拓自興会満洲開拓史刊行会→川路支所長	状
113	13-22	満洲分村開拓団（旧満洲川路分村老石房開拓団現地入五十周年記念）	平成 1 年	──	綴
114	28-5	「満洲国加算一覧図」	──	──	綴
115	162-10	（川路村分村開拓民本隊採用申込書）	──	川路村満蒙開拓協会	状
116	210-9-2	満洲農業移民身上明細書（北澤富造）	──		綴
117	210-9-3	満洲農業移民身上明細書	──		状
118	210-9-4	身上明細書	──		状
119	395-16-1	募集資金渡シ控	──	川路満蒙開拓協会	綴
120	293-10	定着地に於ける海外引揚者調査報告資料	──	──	綴
121	407-23-1	〔書簡〕「長野では川路のものがよりあひて…」（清水団長を妻科に迎えた件など）	──	長野市長谷部鑑→川路村長関島彦四郎	状

No	文書番号	文書名	作成年	作成者	形態
122	407-23-5	〔書簡〕「前略此頃は…」（ハルピンでの仕事概要、山陽公司からの内地人の斡旋依頼）	——	ハルピンホテルにて清水青峯→川路村村長関島彦四郎	状
123	407-24-4	川路村満蒙開拓協会役員	——	——	状
124	407-21	老石房川路村図（1/20000）	——	——	鋪

（2）三穂村役場文書（現 飯田市）

No	文書番号	文書名	作成年	作成者	形態
1	1120	滿洲農業移民関係綴	昭和11－12年度	三穂村役場	綴
2	1121	滿洲農業移民関係綴	昭和13〜15	三穂村役場	綴
3	1122	移民名簿	昭和13	三穂村役場	綴
4	1133	滿洲農業移民地視察記念帳	昭和13	下伊那町村長会	写真帳
5	1123	滿洲農業移民関係綴	昭和16〜17	三穂村役場	綴
6	1124	滿洲移民分村関係	昭和18	三穂村役場	綴
7	1125	滿洲移民分村関係	昭和20	三穂村役場	綴2冊
8	1126	拓務関係綴	昭和21	三穂村役場	綴
9	1127	海外引揚者関係書類	昭和21	三穂村役場	綴
10	1128	開拓者援護関係綴	昭和21	三穂村役場	綴
11	1129	引揚者国庫債権受取人収納綴	——	三穂村役場	綴
12	1130	海外引揚者関係雑件	昭和24〜26	三穂村役場	綴
13	1131	未引揚者開拓者関係書類綴	昭和26	三穂村役場	綴
14	1132	引揚者関係綴	昭和30	三穂村役場	綴

(3) 伊賀良村役場文書 (現 飯田市)

No	箱番号	文書名	作成年	作成者	形態
1		満洲移民一件	昭和11年度	伊賀良村役場	マイクロフィルム
2	011	移民一件	昭和13	伊賀良村役場	綴
3	011	移民一件	昭和13・14・15	伊賀良村役場	綴
4	011	移民名簿	昭和14	伊賀良村役場	綴
5	011	移民名簿	昭和17	伊賀良村役場	綴
6	011	外地引揚げ者名簿	昭和20.9	伊賀良村役場	綴
7	011	外地引揚者中で要保護者調査報告綴	昭和22～23	伊賀良村役場	綴
8	011	海外引揚者県内定着者名簿報告綴	昭和22～24	伊賀良村役場	綴
9	011	開拓に関する綴	昭和25	伊賀良村役場	綴
10	011	海外引揚者建築一件	昭和25～28	伊賀良村役場	綴
11	011	海外引揚者建築会計簿	昭和25	伊賀良村役場	綴
12	011	海外抑留同胞引揚者関係書類綴	昭和28	伊賀良村役場	綴
13	011	海外抑留同胞引揚者に関する綴	昭和29～31.9	伊賀良村役場	綴
14	011	外地引揚者名簿	昭和20.9～	伊賀良村役場	綴
15	011	海外抑留同胞引揚者に関する綴	昭和32	伊賀良村役場	綴
16	011	元満洲開拓者等調査表	昭和31	伊賀良村役場	綴

(4) 千代村役場文書（現 飯田市）

No	文書番号	文書名	作成年	作成者	形態
1	143-2	滿洲移民関係綴	昭和11年度	千代村役場	綴
2	143-3	移植民関係綴	昭和13	千代村役場	綴
3	144-11	滿洲移民名簿	昭和13	千代村役場	綴
4	143-4	移民ニ関スル綴　第一号	昭和14	千代村役場	綴
5	143-5	滿洲移住者土地処分表	昭和15	千代村役場	綴
6	143-6	滿洲移民関係綴	昭和17	千代村役場	綴
7	143-7	会員実態調査台帳	昭和23	千代村引揚者会	綴
8	135-3	開拓関係綴	昭和26	千代村役場	綴
9	135-2	碧南干拓地入植志願者	昭和27	千代村役場	綴
10	144-11	開拓関係送出名簿	昭和27	千代村役場	綴
11	144-21	満州開拓送出名簿	昭和27	千代村役場	綴
12	144-38	海外移住並県外入植関係	昭和27	――	綴
13	135-6	開拓関係綴	昭和28	厚生係	綴
14	135-7	碧南鍋田干拓地写真集	昭和28	千代村役場	写真帳
15	135-4	海外移住並県外入植綴	昭和29	千代村役場	綴
16	144-20	満洲開拓青少年義勇軍（隊員）関係綴	昭和30	千代村役場	綴
17	135-5	県外入植関係綴	昭和31	千代村役場	綴
18	144-18	開拓団員死亡者名簿	――	千代村役場	綴
19	144-10	千代村開拓団員死亡者名簿	――	千代村役場	綴
20	144-38	満洲開拓慰霊碑建立関係綴	昭和51	市役所千代支所	綴
21	144-13	平和殿合祀者名簿（軍人軍属の部　開拓関係）	――	――	綴

（5） 下久堅村役場文書 （現 飯田市）

しもひさかた

No	文書番号	文書名	作成年	作成者	形態
1	18 - 49	拓務関係綴	昭和17年度	下久堅村役場	綴
2	18 - 50	開拓関係綴	昭和18	下久堅村役場	綴
3	18 - 51	拓務綴	昭和18	下久堅村役場	綴
4	18 - 52	満洲開拓関係	昭和18	下久堅村役場	綴
5	18 - 53	満洲開拓移民関係綴	昭和18	下久堅村役場	綴

（6） 松尾村役場文書 （現 飯田市）

まつお

No	文書番号	文書名	作成年	作成者	形態
1	94-42	信濃海外協会設立書類	昭和10年度	松尾村海外協会	綴
2	94-1	満洲信濃村建設書類	昭和11・12	松尾村役場	綴
3	94-2	満蒙農業移殖民書類	昭和13	松尾村役場	綴
4		満洲農業移民地視察記念帳	昭和13	下伊那町村長会	アルバム
5	94-3	満洲農業移民書類	昭和14	松尾村役場	綴
6	94-4	満洲開拓移民関係書類	昭和15年度	松尾村役場	綴
7	94-5	拓務書類	昭和16	松尾村役場	綴
8	94-6	拓務書類	昭和17	松尾村役場	綴
9	94-43	信濃海外協会書類	昭和17	松尾村支部	綴
10	94-44	会議録	昭和18	松尾村支部	綴
11	94-45	役員出缺簿	昭和18	松尾村支部	綴
12	94-7	信濃海外協会書類	昭和18	松尾村支部	綴
13	94-46	開拓関係予算決算書類	昭和19	長野県開拓協会松尾支部	綴
14	94-47	信濃海外協会書類	昭和19	松尾村支部	綴
15	94-55	外地引揚同胞応急援護対策	昭和21	松尾厚生援護会	綴
16	94-11	外地引揚同胞援護資金寄付芳名録	昭和21	松尾村上溝区	綴
17	94-12	外地引揚同胞援護資金寄付芳名録	昭和21	松尾村久井区	綴

No	文書番号	文書名	作成年	作成者	形態
18	94-13	外地引揚同胞援護資金寄付芳名録	昭和 21	松尾村水城区	綴
19	94-14	外地引揚同胞援護資金寄付芳名録	昭和 21	松尾村新井区	綴
20	94-15	外地引揚同胞援護資金寄付芳名録	昭和 21	松尾村寺所区	津
21	94-16	外地引揚同胞援護資金寄付芳名録	昭和 21	松尾村清水区	綴
22	94-17	外地引揚同胞援護資金寄付芳名録	昭和 21	松尾村城区	綴
23	94-18	外地引揚同胞援護資金寄付芳名録	昭和 21	松尾村毛賀区	綴
24	94-19	外地引揚同胞援護資金寄付芳名録	昭和 21	松尾村国民学校、青年学校	綴
25	93-17	満洲開拓義勇隊員帰還者名簿	昭和 21	松尾村役場	綴
26	94-59	外地引揚同胞関係書類	昭和 21	松尾村役場	綴
27	94-60	外地引揚者物資配給調書	昭和 21	松尾村役場	綴
28	94-61	開拓者特配物資給与綴	昭和 21	松尾村役場	綴
29	94-62	開拓団関係死没者名簿	昭和 21	松尾村役場	綴
30	94-68	海外引揚者応急援護資金寄附帳	昭和 21	同胞援護会松尾村分会	綴

(7) 山本村役場文書（現 飯田市）

No	文書番号	文書名	作成年	作成者	形態
1		山本村移民計画	昭和12年度	（山本村役場）	綴の一部
2		山本村移民計画後援会規約	昭和13	（山本村役場）	綴の一部
3	84ア -1255	阿智郷開拓団関係一件	昭和18	山本村役場	綴
4	-1256	開拓引揚者援護一件	昭和21〜22	山本村役場	綴
5	-1264	引揚者援護一件	昭和21〜25	山本村役場	綴
6	-1267	開拓引揚者調査表綴	昭和22	山本村役場	綴
7	-1258	阿智郷開拓団一件	昭和22	山本村役場	綴
8	-1266	引揚者援護一件	昭和23	山本村役場	綴
9	-1267	引揚者援護一件	昭和25	山本村役場	綴
10	-1259	開拓援護会一件	昭和24	山本村役場	綴
11	-1261	外地関係者援護一件	昭和25	山本村役場	綴
12	-1262	外地関係者定着名簿	昭和25	山本村役場	綴
13	-769	開拓関係綴	昭和30	山本村役場	綴

(8) 竜丘村役場文書（現 飯田市）

No	文書番号	文書名	作成年	作成者	形態
1	－	移民事業雑件	昭和12年	竜丘村役場	綴

（9）上久堅村役場文書（現 飯田市）

No	文書番号	文書名	作成年	作成者	形態
1	643	渡満者名簿	昭和13〜18年	上久堅村役場	綴
2	645	引揚者関係文書綴	昭和20〜21	上久堅村役場	綴
3	647	復員者調査綴	昭和23	上久堅村役場	綴
4	648	引揚者住宅関係関係綴	昭和25	上久堅村役場	綴
5	補	満州開拓民引揚者調	昭和25〜31	上久堅村役場	綴
6	656	引揚者特別交付申請手引	昭和42	上久堅村役場	綴
7	657	引揚者等国債交付簿	——	上久堅村役場	綴

（10）座光寺村役場文書（現 飯田市）

No	文書番号	文書名	作成年	作成者	形態
1	——	拓務に関する書類綴	昭和20	座光寺村役場	綴
2	——	緊急開拓事業補助金交付申請書	昭和21	座光寺村農業会会長	綴
3	——	外地引揚者名簿	昭和21〜	座光寺村厚生援護会	—
4	——	外地引揚者調査報告	昭和21〜	座光寺村役場	—
5	——	海外引揚者で他府県転出者調査報告	昭和22	——	綴
6	——	領収証綴	昭和23	座光寺同胞援護会	綴
7	——	引揚援護会関係綴	昭和24.4 − 25.3	座光寺村役場	—
8	——	引揚援護関係書類	昭和25 − 26	座光寺村役場	綴

（11）上郷村役場文書（現 飯田市）

No	文書番号	文書名	作成年	作成者	形態
1		移植民書類綴	昭和 13.1 ～ 14.12	上郷村役場	綴
2	3096	岩手分村計画並びに開拓関係綴	昭和 21 ～ 34	上郷村役場	綴
3	3097	岩手入植者家族会書類	昭和 24 年設立	上郷村岩手家族会	綴
4	3095	岩手分村関係綴	昭和 35 年以降	上郷村役場	綴
5	3098	岩手分村開拓史 （1 ～ 32）	――	――	綴
6	3099	視察研修旅行資料（岩手県滝沢村上郷分村）	昭和 57	上郷村農業委員会	綴

（12）龍江村役場文書（現 飯田市）

No	文書番号	文書名	作成年	作成者	形態
1	F1-2	移民者名簿	昭和 11 年	龍江村役場	綴
2	F1-1	満州農業移民地視察記念帳	昭和 13	下伊那町村長会	写真帳
3	F1-3	満州農業移民ニ関スル計画書規程等綴	昭和 13	龍江村役場	綴
4	E16-5	外地引揚者台帳	――	――	綴
5	F16-6	引揚者世帯台帳	昭和 20	龍江村役場	綴
6	E14-1	復員事務雑件	昭和 21	龍江村役場	綴
7	E16-9	海外引揚者関係綴	昭和 21	龍江村役場	綴
8	E16-10	引揚者関係雑件	昭和 22	龍江村役場	綴
9	E14-2	復員事務雑件	昭和 22	龍江村役場	綴
10	E14-3	復員事務雑件	昭和 23	龍江村役場	綴
11	E14-4	復員事務・援護雑件綴	昭和 24	龍江村役場	綴
12	E14-5	引揚・復員・授産・援護雑件綴	昭和 25	龍江村	綴
13	E14-6	引揚・開拓・復員援護雑件綴 （上）	昭和 26	龍江村	綴
14	E14-7	引揚・開拓・復員援護雑件綴 （下）	昭和 26	龍江村	綴
15	C18-6	開拓入植関係書類	昭和 26	龍江村	綴

No	文書番号	文書名	作成年	作成者	形態
16	E13-17	開拓現地便り	昭和27〜28	龍江村	綴
17	E14-8	引揚・復員・援護雑件綴	昭和27	——	綴
18	E1-4	愛知県開拓入植一件綴	昭和27	龍江村役場	綴
19	E18-9	海外移民県外入植関係書類綴	昭和30	龍江村役場	綴
20	E18-10	開拓入植関係書類綴	昭和31	龍江村農業委員会	綴
21	E18-15	県外入植海外移民関係書類綴	昭和32	龍江村農業委員会	綴
22	E14-9	引揚者給付金等支給綴	昭和32	龍江村役場	綴
23	E14-10	引揚者給付金等支給綴	昭和33	龍江村役場	綴
24	E14-11	引揚者給付金等支給綴	昭和33	龍江村役場	綴
25	E13-16	引揚者在外資産請求登録簿	昭和37	龍江村引揚者厚生協会	綴
26	E13-18	開拓者遺族名簿	昭和41	——	綴
27	E13-19	死亡者名簿（開拓関係）	——	——	綴

(13) 阿智村役場文書 (現 下伊那郡阿智村)

No	文書名	作成年	作成者	形態
1	申請書類	昭和 18 年度	阿智郷開拓団建設組合	綴
2	阿智郷開拓団員・米穀増産隊　引揚者援護計画		阿智郷開拓団建設組合	綴
3	北哈嗎阿知郷　第二下伊那郷開拓団	昭和 19	——	綴
4	未招致家族援護関係綴	昭和 17 ～	——	綴
5	渡満者名簿	昭和 20	——	綴
6	北哈嗎在満国民学校関係	昭和 20	阿智郷建設組合	綴
7	阿智郷開拓団関係綴	昭和 20 ～	会地村	綴
8	復員未復員関係綴	昭和 22 ～ 23	会地村	綴
9	開拓団関係綴り	昭和 28	伍和村	綴
10	満洲開拓団団員送出名簿	昭和 52	阿智村役場	綴

(14) 清内路村役場文書 (現 下伊那郡阿智村)

No	文書名	作成年	作成者	形態
1	南信濃郷開拓団員名簿	昭和 18 ～	南信濃郷建設組合	綴
2	参考綴	昭和 20 年度	南信濃郷開拓団建設組合西原	綴
3	発来翰綴	昭和 20 年度	南信濃郷建設組合	綴
4	引揚証明書綴	昭和 21	清内路村役場	綴
5	外地引揚者案内表	昭和 21 ～	飯田引揚者相談所	綴
6	ソ連地区覚書綴　復員者	昭和 22	清内路村役場	綴

（15）浪合村役場文書（現 下伊那郡阿智村）

No	文書名	作成年	作成者	形態
1	満洲移民後援会会計簿	昭和18年11月	浪合村	綴
2	満洲移民後援会関係領収書綴	昭和18年11月	——	綴
3	南信濃郷浪合村在団者名簿（修正済）	——	——	綴
4	開拓協会領収書	昭和19年度	——	綴
5	軍人義勇軍その他調書	——	——	綴

（16）大島村役場文書（現 下伊那郡松川町）

No	文書名	作成年	作成者	形態
1	経済改善委員会書類	昭和7〜9年	大島村役場	綴
2	経済改善委員会書類	昭和10〜12	大島村役場	綴
3	経済改善委員会書類	昭和14〜20	大島村役場	綴
4	経済更生計画及其実行費	昭和12	長野県下伊那郡大島村	綴
5	経済更生計画及其ノ実行費		長野県下伊那郡大島村	綴
6	経済更生計画及其ノ実行費調査上留意スベキ事項			綴
7	大島村更生計画及其実行費		大島学校控	綴
8	経済更生計画進捗報告綴		大島村	綴
9	黒字ヲ生ジタル理由			綴
10	更生事業実行誓約書		長野県下伊那郡大島村	綴
11	特別助成事業資金関係書類	昭和11〜15	大島村役場	綴
12	経済更生特別助成事業申請及報告書類	昭和11〜16	長野県下伊那郡大島村	綴
13	特別助成村関係書類	昭和11	大島村役場	綴
14	経済更生計画契約書及領収書綴	昭和11〜13		綴
15	農村計画調査書	昭和11	長野県下伊那郡大島村	綴
16	長野県下伊那郡大島村農村計画	昭和11		綴
17	経済更生計画実施設計書	昭和12	下伊那郡大島村役場	綴

No	文書名	作成年	作成者	形態
18	特別助成事業協同作業所共同収益地原野開墾関係書類 11			綴
19	経済更生計画堆肥厩舎建設名簿			綴
20	経済更生特別助成金会計雑件	昭和12		綴
21	経済更生事業完了届	昭和13	長野県下伊那郡大島村	綴
22	農村食生活特別指導一件	昭和13～15	大島村役場	綴
23	貯水池設置関係綴	昭和10	大島村役場	綴
24	池ノ平貯水池設置ニ伴フ開田趣意金並管理費経理簿	昭和16		綴
25	農村経済更生計画実行資料付大島村経済更生計画五大項目 10		長野県下伊那郡 大島村経済委員会綴	冊子
26	経済更生計画に伴フ実行費等ノ調査計画及ビ其ノ実行費調並ニ低利資金関係一覧表 11 長野県			冊子
27	歳入歳出予算書	昭和16	下伊那郡大島村	綴
28	大島村林業計画書			綴
29	貸借対照表	昭和11	大島信用販売購買 利用組合長羽生峯雄 綴	―
30	大島村負債調査要綱	昭和11		状
31	満洲信濃村建設一件（松島自由移民団）	昭和11～13	大島村役場	袋

(17) 生田村役場役場文書（現 下伊那郡松川町）

No	文書名	作成年	作成者	形態
1	会計簿	昭和11	生田村満洲後援会	綴
2	証憑書類	昭和12	生田村満洲後援会	綴
3	満洲農業移民入植図	昭和13	拓務省拓務局	綴
4	拓務関係書類綴	昭和20	生田村役場	綴
5	長野県開拓援護費交付関係書類	昭和22		綴
6	開拓送出関係綴	昭和22.6	生田村役場	綴
7	海外引揚者（一般・開拓）関係綴	昭和23.7～24.7	生田村役場	綴
8	開拓入植関係綴	昭和26	生田村農業委員会	綴
9	開拓入植関係綴	昭和28	生田村農業委員会	綴
10	開拓入植関係綴	昭和29	生田村農業委員会	綴
11	開拓入植移民関係綴	昭和30	生田村農業委員会	綴
12	開拓入植関係綴	昭和31	生田村農業委員会	綴
13	開拓入植関係綴	昭和32	生田村農業委員会	綴
14	海外移民県外入植関係綴	昭和33	生田村農業委員会	綴

(18) 喬木村役場文書（現 下伊那郡喬木村）

NO	文書名	作成年	作成者	形態
1	満蒙開拓移住者名簿	——	喬木村役場	綴
2	未帰還者名簿	——	喬木村役場	綴
3	外地引揚者名簿	昭和23～24	喬木村役場	綴
4	引揚者特別交付金請求該当者台帳	——	喬木村役場	綴

(19) 泰阜村役場文書 （現 下伊那郡泰阜村）

No	文書名	作成年	作成者	形態
1	満洲移民援護関係中経済更生特別助成　三カ年継続関連書類		泰阜村役場	綴
2	泰阜村経済更生関係書類（更生計画及実施に関するもの）	――	泰阜村役場	綴
3	満洲移民関係重要書類各種	――	泰阜村役場	綴
4	団員名簿①満洲移民関係重要書類②未帰還者		泰阜村役場	綴

2. 下伊那教育会所蔵の青少年義勇軍関係文書

解　説

　「青少年義勇軍」は昭和 12（1937）年 11 月近衛内閣のとき創設された。最初は県が村役場や拓務省（満洲開拓を管轄した国の省庁 1929 年設置。1942 年東亜省と改称。1945 年廃止）と連絡を取って担当していたが、その後信濃教育会が主体となり、各学校現場で満洲に関する啓蒙や入隊の勧誘が行われた。飯田下伊那地域からの義勇軍入隊者は県内で最も多く、1,031 人である。

　ここに載せた文書リストは「満洲開拓政策」、「拓務訓練に関するもの」、「身上調査一覧表（全国）」、「拓務訓練感想文」、「父兄会」、「義勇軍になるための父兄の同意書」などである。その他に『分村情報』『信濃開拓時報』など、長野県内を対象にした刊行物や『満洲年鑑』など全国的に発行された刊行物も含まれている。

　拓務省から各学校へ配られた「あなたも義勇軍になれます」というパンフレットも含まれる。そこには義勇軍のしごと、生活、取れる資格、申し込み方法など、田河水泡が描いたと言われている漫画も所蔵している。

　青少年義勇軍資料については、役場文書の中に村長が拓務大臣に送った推薦状などの名簿も残されているので併せて調査するといい。

　次ページからの資料は下伊那教育会館参考館で保存されてきた資料群である。

　目録は下伊那教育会で作成したものをご提供いただき、こちらで一部加工した。

　閲覧したい場合は、事前に下伊那教育会に閲覧希望の申し込みが必要である。

　なお、飯田市歴史研究所にも一部を除いて複写資料があり閲覧することができる。

下伊那教育会所蔵の青少年義勇軍関係文書

文書番号	資料名	作成者・出版社	出版年	頁	備考
1	必勝の信念に培われた興亜魂	大日本青少年団本部	昭和17年	24頁	青少年団興亜運動資料第一輯
2	勤皇精神で鍛える興亜訓練	大日本青少年団本部	昭和17年	29頁	青少年団興亜運動資料第二輯
3	見るべき興亜教育の成果	大日本青少年団本部	昭和17年	21頁	青少年団興亜運動資料第三輯
4	満洲開拓政策の重要性	財団法人満洲移住協会	昭和15年		安井誠一郎氏講演
5	蒙疆路	加藤新吉著 華北交通株式会社	昭和14年	50頁	京包沿線事情
6	社員養成所案内　　普通部	満洲電信電話株式会社			
7	北支・蒙疆ところどころ	華北交通株式会社	昭和15年	41頁	華北交通叢刊第十三輯
8	満洲に於ける天主教	加藤郁哉編 満鉄・鉄道総局	昭和14年	29頁	観光叢書第四輯
9	北満に於ける露西亜寺院	佐藤真実編 満鉄・鉄道総局	昭和14年	26頁	観光叢書第二輯
10	事変と北支鉄道	水谷國一著 満鉄北支事務局	昭和13年	29頁	
11	ハルピン満鉄畜産加工所案内	柿原重晴著 満鉄畜産加工所	昭和14年	13頁	畜産加工所刊行物第二号
12	満洲の鉄道	山内利之編 南満洲鉄道株式会社	昭和15年	147頁	
13	北支・蒙疆の経済建設	加藤新吉著 華北交通株式会社	昭和14年	38頁	
14	後藤新平伯と満洲歴史調査部	山内利之編 南満洲鉄道株式会社	昭和14年	21頁	
15	長野県拓殖学校設立趣意書	信濃教育会編	昭和10年	19頁	
16	満洲開拓農民の概況	拓務省拓務局	昭和15年	41頁	満洲開拓叢書第二輯
17	農業立地と帰農問題・米穀業者と満洲開拓	財団法人満洲移住協会	昭和16年	58頁	大陸帰農叢書第六輯
18	満洲移民に関する講演資料	拓務省拓務局	昭和12年	42頁	
19	満洲拓殖公社関係法規	拓務省拓務局	昭和15年	62頁	

文書番号	資料名	作成者・出版社	出版年	頁	備考
20	新しき村を訪ねて（長野県満洲視察新聞記者団報告記）	長野県拓務課	昭和17年	160頁	
21	満洲開拓年鑑	満洲国通信社出版部	昭和15年（康徳7年）	553頁	
22	満洲視察報告書	信濃教育会	昭和8年	314頁	
23	満洲開拓青年義勇隊理科資料（その1）	満洲拓殖公社	昭和14年（康徳6年）	302頁	
24	大東亜戦争の意義	大串兎代夫著 文部省教学局	昭和17年	53頁	教学叢書第12輯
25-1	大東亜と音楽	田辺尚雄著 文部省教学局	昭和17年	47頁	教学叢書第12輯
25-2	大東亜の民族と文化	宇野圓空著 文部省教学局	昭和17年		教学叢書第12輯
26	大東亜戦争と教育	海後宗臣著 文部省教学局	昭和17年	41頁	教学叢書第12輯
27	第38回関東連合教育会大東亜教育研究会記録	社団法人栃木県教育会	昭和17年	49頁	
28	満洲現勢図解	芝田研三著 南満洲鉄道株式会社	昭和15年	45頁	
29	満洲現勢図解	芝田研三著 南満洲鉄道株式会社	昭和15年	45頁	28と同じ
30	満洲国現勢	満洲国通信社出版部	昭和15年		
31	文書綴	興亜部	昭和18年	8通	
32	報道写真	財団法人写真協会	昭和18年		第3巻5号
33	満洲農業移民写真帳	拓務省拓務局	昭和16年	89頁	
34	満洲と満鉄　昭和14年版	平野栄著 南満洲鉄道株式会社弘報部	昭和15年	146頁	
35	昭和18年度教職員拓務訓練編成表	下伊那教育会	昭和18年	1枚	
36	第五小隊　40			1枚	
37	昭和18年度教員拓殖講習第2回受講者名簿		昭和18年		飯田下伊那52人
38	昭和18年度第2回教員拓殖講習会職員名簿		昭和18年		37と同じ
39	第二中隊第五小隊教育勤務出場表			1枚	

文書番号	資料名	作成者・出版社	出版年	頁	備 考
40	領収書（満蒙開拓青少年義勇軍訓練所経理係→全国教員講習隊長野県代表）		昭和18年	1枚	
41	第二回教員拓植（殖）講習会日課表		7月1日～7日		
42	日本体操総説	財団法人満洲移住協会			
43	第五小隊備品一覧表			1枚	名簿
44	拓務講習受講生名簿				下伊那各小学校
45	昭和18年度拓務訓練編成表	下伊那教育会	昭和18年		35と同じ
46	清掃当番	満蒙開拓青少年義勇軍訓練所			
47	昭和19年度拓務講習申込書		昭和19年		下伊那各小学校
48	満洲建国読本	徳富正敬著日本電報通信社	昭和15年	296頁	
49	第二回長野県協力会議録	大政翼賛会長野県支部	昭和16年	175頁	
50	満洲の栞	株式会社満洲事情案内所編	昭和15年（康徳7年）	62頁	
51	海の外　第244号	信濃海外協会海の外社	昭和17年	37頁	
52	国民学校興亜科教授要目	信濃教育会調査委員		15頁	『信濃教育』3月号抜き刷り
53	義勇軍送出指針	東筑摩郡教育会興亜部・信濃海外協会東筑支部編	昭和18年	167頁	
54	満洲国視察報告書　第三輯	信濃教育会	昭和11年	231頁	
55	分村情報　第65号	長野県更生協会	昭和17年		第60.62付録
56	国民貯蓄組合法解説抄	大日本青少年団本部	昭和17年	24頁	
57	満洲分村を語る	長野県経済部	昭和15年	80頁	
58	現地訓練便り	原爲二著	昭和16年	33頁	『信濃教育』12月号抜き刷り
59	開拓病院及療養所計画基本要項（第一編）	満洲拓殖公社	昭和16年（康徳8年）	86頁	
60	銃後教育各科取扱	恩賜財団軍人援護会長野県支部	昭和15年	191頁	

文書番号	資料名	作成者・出版社	出版年	頁	備考
61	満洲国国歌	満洲帝国政府			
62	第二回長野県協力会議録	大政翼賛会長野県支部	昭和16年	175頁	49と同じ
63	満洲開拓政策基本要綱	拓務省拓務局	昭和10年	36頁	
64	開拓地の生活より	南満洲鉄道株式会社総裁室弘報部	昭和15年	40頁	
65	満洲開拓地の衣食住と保健	拓務省拓北局		27頁	
66	信濃開拓時報　1-11号	長野県開拓協会	昭和19年7月～20年5月		11冊
67	遺児靖国神社参拝の栞	恩賜財団軍人援護会	昭和15年	61頁	
68	護国神社に参拝して（児童の感想文）	恩賜軍人援護会長野県支部	昭和19年	165頁	
69	支那・満洲国視察管見（第7輯）	信濃教育会	昭和17年	103頁	
70	満洲国農業移民地視察管見（第6輯）	信濃教育会	昭和16年	146頁	
71	満洲開拓教本	圖司安正財団法人雪国協会	昭和15年	93頁	パンフ
72	青少年義勇軍身上調書一覧表	拓務省拓北局青年課	昭和16年		昭和16年度第一次入所
73	拓務訓練銓衡結果綴	長野県	昭和17年		
74	満蒙開拓義勇軍同意書	保護者→国民学校長	昭和16～18、20年		
75	青少年義勇軍の沿革	財団法人満洲移住協会	昭和13年		
76	満洲開拓青年義勇隊訓練要項	訓練本部			
77	拓務講習受講申込	飯田下伊那各小学校→下伊那教育会長	昭和19年6月		
78	拓務講習受講申込	飯田下伊那各小学校→下伊那教育会長	昭和19年7月		23校
79	身上調査	原 爲二	昭和18年		
80	義勇軍編成名簿	下伊那教育会・下伊那地方事務所	昭和19年		
81	写真		昭和15年~16年		下伊那在満国民学校高等科修了記念写真他3枚

文書番号	資料名	作成者・出版社	出版年	頁	備 考
82	拓務講習感想文	第二小隊 下伊那教育会	昭和 16 年		
83	拓務講習感想文	第四小隊 下伊那教育会	昭和 16 年		
84	拓務講習感想文	第五小隊 下伊那教育会	昭和 16 年		
85	拓務講習感想文	第三小隊 下伊那教育会	昭和 16 年		
86	拓務講習感想文	第一小隊 下伊那教育会	昭和 16 年		
付	感想文集 （一）	下伊那教育会	昭和 14 年		
付	感想文集 （二）	下伊那教育会	昭和 14 年		
付	感想文集 （二）	下伊那教育会	昭和 15 年		
付	感想文集 （三）	下伊那教育会	昭和 15 年		
付	感想文集 （四）	下伊那教育会	昭和 15 年		
付	拓植（殖）講習生徒感想文集	教育会	昭和 17 年		
付	拓植（殖）訓練生徒感想文集	教育会	昭和 17 年		
付	拓務講習感想文集	第二小隊 下伊那教育会	昭和 18 年		
付	拓務講習感想文集	第三小隊 下伊那教育会	昭和 18 年		
付	拓務講習感想文集	第四小隊 下伊那教育会	昭和 18 年		
付	拓務講習感想文集	第一小隊 下伊那教育会	昭和 19 年		
付	拓務講習感想文集	第四小隊 下伊那教育会	昭和 19 年		
87	義勇軍富士小隊	財団法人満洲移住協会	昭和 14 年	92 頁	
88	義勇軍富士小隊	財団法人満洲移住協会	昭和 14 年	92 頁	87 と同じ
89	満洲青年移民の栞	拓務省拓務局	昭和 13 年	30 頁	
90	講習会の栞	満蒙開拓青少年義勇軍訓練所		30 頁	

文書番号	資料名	作成者・出版社	出版年	頁	備考
91	満洲開拓青年義勇隊教学奉仕隊要綱	拓務省・文部省・満洲開拓青年義勇隊訓練本部・満洲国開拓総局	昭和15年	72頁	
92	欠				
93	昭和17年度満蒙開拓青少年義勇軍郷土部隊編成名簿	長野県	昭和17年	46頁	
94	昭和17年度満蒙開拓青少年義勇軍郷土部隊編成名簿	長野県	昭和17年		92と同じ
95	昭和17年度満蒙開拓青少年義勇軍郷土部隊編成名簿	長野県	昭和17年		92と同じ
96	昭和17年度満蒙開拓青少年義勇軍郷土部隊編成名簿	長野県	昭和17年		92と同じ
97	昭和20年度満蒙開拓青少年義勇軍郷土部隊編成名簿	長野県	昭和20年	52頁	
98	満蒙開拓青少年義勇軍拓務訓練必携	下伊那教育会	昭和17年	10頁	
99	記録簿	下伊那教育会調査部卒業生指導部	昭和16年	1冊	
100	青少年義勇軍関係綴	下伊那教育会	昭和15~18年		
101	答辞	下伊那郡満蒙開拓青少年義勇軍代表中川文男	昭和18年		
-2	義勇軍郷土中隊編成ニ関スル件通牒	教学課長→各国民学校長	昭和18年		
-3	満蒙開拓青少年義勇軍長野県父兄会下伊那支部何々市村分会々則案		昭和16年		様式
-4	義勇軍送出割当表	下伊那教育会	昭和19年		
-5	下伊那教育会義勇軍拓務訓練日程表		10月26日~20日		
-6	青少年義勇軍追加入所ニ関スル件	長野県内政部長→郡市教育会長	昭和18年		
-7	18年度郷土中隊附代行指導員ニ関スル件	内政部長→飯田市追手町国民学校長勝岡達郎殿	昭和18年		
-8	請求書「一金167円也 昭和19年義勇軍編成費」	下伊那教育会義勇軍編成委員勝岡達郎	昭和19年		

文書番号	資料名	作成者・出版社	出版年	頁	備考
-9	領収證書「一金7円88銭也　副食物・調味料代」	加藤定吉→社会法人下伊那教育会長殿			
-10	請求書・領収書	株式会社信濃産業新報社→義勇軍少年講習会	昭和15年		
-11	請求書	光文堂・山栄堂他→少年義勇講習会	昭和15年		
-12	電報	→飯田教育会館内ハヤシシゲハル殿	昭和16年		
102	満蒙開拓青少年義勇軍昭和16年度第1回入所名簿	長野県	昭和16年		孔版　付昭和17年度満蒙開拓青少年義勇軍郷土部隊編成名簿
103	義勇軍生徒名簿	下伊那教育会	昭和18年		
104	満洲開拓青少年義勇隊訓練所学習資料（その1）	満洲拓植公社	昭和13年	211頁	
105	義勇軍父兄会名簿	下伊那教育会卒業生指導部	昭和16年		
106	満洲開拓青少年義勇隊現況概要	拓務省拓務局	昭和15年	47頁	
107	少年義勇軍拓殖講習会誌	下伊那教育会	昭和14年		青少年義勇軍送出番付他
108	写真ガラス乾板	信州下諏訪町城取春光写真場	昭和15年	1枚	一部破損
109	寄贈図書	下伊那教育会	昭和16年		
110	満洲視察報告書	熊谷　進	8月27日~9月30日		
111	内原及満洲学事視察報告書	上飯田青年学校原　浩	昭和14年		
112	青少年義勇軍拓殖訓練講習購入支払会計簿	下伊那教育会	昭和15年	164頁	
113	満洲開拓引揚者調査表	同胞援護会下伊那支会在外同胞救援部			
114	興亜青年勤労報国隊中隊誌　下	長野中隊	昭和14年	112頁	義勇軍に送ったもの
115	満洲開拓民入植図	拓務省	昭和15年	1枚	手書き
-2	満洲開拓民入植図	大東亜省	昭和18年	1枚	ガリ版刷

文書番号	資料名	作成者・出版社	出版年	頁	備考
-3	済南案内図	華北交通株式会社	昭和14年	1枚	ガリ版刷
116	華北交通	華北交通株式会社	昭和15年		
117	北支蒙疆鉄道案内	華北交通株式会社	昭和15年	2枚	
118	就職の栞　満洲重工業	満洲関係会社合同採用本部			
119	校内届書（本部義勇軍送出数調査表）				
120	あなたも義勇軍になれます	文・絵（田河水泡）拓務省拓務局		16頁	
付	満蒙開拓青少年義勇軍下伊那中隊編成表		昭和17年		
付	昭和19年義勇軍拓務訓練編成表		昭和19年		

3. 下伊那町村長会の所蔵満洲開拓関係文書

解　説

　この資料群は、下伊那郡町村長会が満洲開拓・戦後引揚に関した文書について作成し、保存してきたものである。平成25（2013）年阿智村に満蒙開拓平和記念館（下伊那郡阿智村駒場）が開館した折に寄贈された。寄贈前に飯田市歴史研究所が目録を作成、点数は22点である。

　下伊那郡町村長会は、満洲に「下伊那郷」を分郷の形でつくり、昭和14（1939）年2月11日入植式をした。団員は970人。この他にも同町村長会を母体として、「水曲柳・白山子・江蜜峰・双河鎮開拓組合」団員総数1,435人を「松島自由移民」として送り出している。

　寄贈された文書の中には送出経過のものはほとんどない。敗戦間近の昭和19（1944）年6月11日に開設した「下伊那開拓館」の規定などがある。戦後はこの開拓館に引揚者同胞援護会をつくり、満洲引揚家族で家の遠い人などを宿泊させている。

　寄贈された文書の中には、戦争で亡くなった人や、引揚者の名簿も含まれている。満洲移民として渡満し、その後軍隊に入隊した人も多く、満洲開拓引揚者の内訳ははっきりしない。

　満洲開拓行政は、当時県の経済出張所（元下伊那地方事務所）で行われていたが、そこでの資料は廃棄されたのか、不明である。県の経済出張所と町村会の関係は未確認であるが、町村会事務局には相当量の満洲開拓関係の資料があったものと推察される。

　なお、飯田市歴史研究所にも下伊那町村長会の「庶務書類」（昭和15年1・2）があり、これには県へ送る開拓民送出関係文書も綴られている。県・町村会・村の施策がこの段階で破綻していたことが窺える資料である。

下伊那町村長会所蔵満洲開拓関係文書

No	表　題	内　容	作成者	作成年	形態	数量	備　考
1	満洲移民の実情		太田阿山著	昭和12年	図書	1	150頁
2	満洲農業移民地視察報告書		下伊那郡町村長会	昭和13年	図書	1	63頁
3	村葬代拝依頼ノ件	町村長から村長へ	下伊那郡町村長会	昭和19年	綴	1	
4	郡内関係通達綴	受領文書及通達控	同胞援護会下伊那支会	昭和21年	綴	1	
5	自昭和二〇年　雑綴	下伊那開拓館規定及び、領収書決算書	下伊那開拓館	昭和20年	綴	1	
6	引揚者村別名簿	村別引揚者氏名落着先、家族数	飯田引揚者相談書	昭和21年5月	綴	1	状態劣
7	シベリア地区よりの帰還者状況調査		下伊那郡連合青年団	昭和22年	綴	1	更紙17枚
8	引揚者受付名簿	本籍・氏名・年齢など	飯田引揚者相談書	昭和21年5月	綴	1	状態劣
9	外地引揚者接待出勤記録簿	勤務日、村名、氏名	下伊那連合青年団社会部	昭和21年9月	綴	1	12.9まで
10	大古洞関係一件綴	下伊那郷引揚者調査依頼の件	町村長会→村長	昭和21年1月	綴	1	内表紙あり
11	抑留将兵同胞帰還促進連盟書類	規約草案、陳情書他	飯田市留守家族代表林栄他	昭和22年4月	綴	1	
12	ブロック会議雑記帳	会議録	在外同胞帰還促進聯盟下伊那郡飯田市	昭和23年	綴	1	
13	引揚者受付名簿	帰還月日氏名他	下伊那連合青年団	昭和22年10月〜12月10日	綴	冊子	
14	領収書綴		飯田下伊那在外留守家族会	昭和22年	綴	1	会長林栄
15	戦没者名簿	村別・死亡日・場所	下伊那郡	昭和27年	綴	1	欠落有
16	戦没者連名簿	戦病死別没年日	泰阜村役場	――	綴1	1	
17	戦没者名簿		下伊那郡	昭和27年	綴	1	欠落有

No	表　題	内　容	作成者	作成年	形態	数量	備　考
18	庶務書類	陳情書、元開拓団資産実態調査　他	満洲開拓民犠牲者救援国民運動	昭和30年	綴	1	会長小笠原正賢
19	海外抑留者名簿		海外抑留下伊那支部	昭和30年6月	綴	1	各村提出名簿
20	義勇隊員名簿	各町村長提出名簿	満洲開拓協議会30.8	昭和30年8月	綴	1	
21	海外抑留者関係支出総経費	集計、領収書	下伊那町村会	昭和34年1月	綴	1	
22	大古洞開拓受難の記		太古洞開拓団生存者の会	昭和43年3月	冊子	1	22頁
23	大古洞開拓団	当時の幹部及び組織団員名簿、在満国民学校同窓生名簿		――	綴	1	古川隼人先生より受領

4. 『時報』・『村報』に掲載された満洲開拓

解　説

　大正時代から昭和初期、全国各地で『時報』という新聞形式の機関紙が発行された。長野県内では、大正時代から小県郡下の村々の青年会が月ごとに発行してきた。内容は青年会のこと、村政のこと、学校の様子、各種団体の活動など様々であった。これには村から印刷代が出ていた。

　下伊那郡内での村ごとの『時報』・『村報』の発行は昭和に入ってからである。現在までに発行が確認できたのは21ヵ村である。そのうち「青年会」が発行していた村は竜丘村と下久堅村だけで、あとは「農会」発行が5ヵ村、「役場」発行が14ヵ村である。

　紙名は昭和9（1934）年以前に創刊したものは『時報』で、それ以後は『村報』である。このうち『村報』は役場の広報紙的な役割を担っていく。各村で発行された『時報』・『村報』は、村内全家庭に無料で配布され、戦地にいる人々にも送られたという。

　旧飯田市（飯田市政をしいた1937年～1956年）では、村で発行していた機関紙に類するものは発行されていない。

　下伊那郡内では、最初に上郷村で『上郷時報』が昭和3（1928）年4月25日に創刊された（判型は26.5cm×37cm 12頁）。毎月1回ずつ発行され、昭和7（1932）年4月からは月2回になり、昭和15（1940）年10月245号まで続いた。最初の編集人は農会長北原阿智之助で、発行所は上郷村農会事務所である。内容は村内の出来事、農業のこと、学校のことなどであるが、連載記事もある。たとえば昭和6（1933）年1月から12月まで愛知県安城農林学校初代校長の山崎延吉の講演記録を、昭和10（1935）年11月から岡島恒雄の「長野県青年代表朝満視察報告記」を、昭和13（1938）年8月から岡田大門村長などの「満洲農業移民地視察報告書」を連載している。

　満洲開拓について最初に掲載したのは『下久堅時報』昭和7年10月10日の第5号

「満洲国愛国信濃村建設」で、他の村はその3〜4年後である。

　『下久堅時報』では分村計画を、部落単位に送出戸数まで細かく掲載し、号外まで出している。満洲を視察した助役と青年会が積極的に動いていたことがわかるが、結局下久堅村は分村しなかった。他の村では満洲開拓が国策になって以降の掲載が多い。

　村の情報紙であることから、満洲開拓の募集と同時に、軍需工場への工員募集も載っていたり、紀元2600年記念式典の記事も掲載されている。

　『時報』・『村報』は、昭和15年10月で全国一斉に廃刊となった。その理由が『三穂村報』に「10月12日飯田警察署で協議会が開かれ、内務省の方針で廃刊になった。理由は非常時国家体制の進展に伴い、言論統制、防護、資源愛護等のため」と掲載されている。

　収集できたのは21ヵ村であるが、全号揃っている村は少ない。5号までしか刊行しなかった村や発行し始めたがすぐ廃刊させられた伊賀良村のような例もある。

　『比良谷』は平谷村発行である。

　『時報』・『村報』については、満洲開拓関係部分を抽出して、『時報・村報にみる「満洲」移民資料集』としてまとめ、飯田市歴史研究所から2006（平成18）年に刊行した。しかし発行以後に収集した『比良谷』、『清内路村報』はこの書籍に含まれていない。

　『下久堅時報』の原本は飯田市歴史研究所で閲覧できる。その他の村々の『時報』・『村報』は飯田市歴史研究所で全文複写し、所蔵しているので閲覧できる。

　目録には創刊日の早い順から載せた。

『時報』・『村報』にみる満洲開拓　(創刊順・終刊はすべて昭和15年10月)

No	紙　名	発行者	創刊年	満洲開拓記事掲載始めの号
1	上郷時報	上郷村農会	昭和3年	昭和10年11月1日135号〜
2	大島時報	大島村役場	昭和4年	未収集部分多く不明
3	竜丘時報	竜丘村青年会	昭和5年	昭和11年2月10日1号〜
4	山吹時報	山吹村農会	昭和7年	未収集部分多く不明
5	下久堅時報	下久堅青年会	昭和7年	昭和7年10月10日5号〜
6	河野時報	河野村農会	昭和7年	昭和13年12月36号〜
7	鼎時報（公報）	鼎村役場	昭和8年	昭和11年9月10号〜
8	神稲時報（村報）	神稲村農会	昭和8年	未収集部分多く不明
9	生田時報	生田村役場	昭和9年	昭和11年8月1日27号〜
10	會地村報	會地村役場	昭和9年	昭和10年6月1日10号〜
11	川路村報	川路村役場	昭和10年	未収集部分多く不明
12	松尾村報	松尾村役場	昭和11年	昭和11年4月15日1号〜
13	市田村報	市田村役場	昭和11年	昭和11年4月1日4号〜
14	三穂村報	三穂村役場	昭和11年	昭和11年11月25日4号〜
15	山本村報	山本村農会	昭和11年	昭和12年2月1日5号〜
16	座光寺村報	座光寺村役場	昭和12年	昭和12年9月1日5号〜
17	比良谷	平谷村役場	昭和12年	昭和14年6月20日2号〜
18	伍和村報	伍和村役場	昭和13年	未収集部分多く不明
19	伊賀良村報	伊賀良村役場	昭和14年	未収集部分多く不明
20	清内路村報	清内路村役場	昭和14年	昭和14年6月10日2号〜
21	飯田市報	飯田市役所	昭和22年	昭和22年8月14日7号戦後開拓募集

『時報・村報にみる「満州」移民　資料集』として一部を除き2006年飯田市歴史研究所から刊行されている。

5.　個人日記に書かれた満洲開拓

解　説

　現在個人が残した日記で満洲移民について書かれていることが確認できたのは6人分である。そのうち公開され、閲覧できるのは次の3人の日記である。

①『胡桃澤盛日記』

　胡桃澤盛は明治38（1905）年、下伊那郡河野村の中地主の長男として生まれた。自ら農業を営み、村会議員・村助役を経て1940（昭和15）年37歳で村長になる。青年時代「信南自由大学」を受講、社会主義運動に関心を持つ。村会議員、助役、村長に就いた初期の頃は、満洲開拓には消極的であったが、国策を推進しようとする皇国農村指定や県の指導、村内外の状況から、為政者として河野分村を決断し、昭和18（1943）年10月22日村会協議会で決定、昭和19（1944）年村民を送り出す。わずか1年足らずで敗戦となり、河野開拓団の団長以下78名は集団自決をした。これを含め、村から渡満した開拓移民151人の犠牲者を出した。盛は昭和21（1946）年自宅で自死する。

　日記は青年時代から自死する10日前まで書かれている。そのうち満洲開拓に関する記述は昭和12（1937）年から昭和21（1946）年までにある。

　それとは別に村長時代の昭和16年から昭和20年まで、村内のことや戦争に動員される人々のこと、村議会で満洲分村を議決した夜の様子などを記録した『村長日誌』がある。

　『日記』と『村長日誌』は飯田市歴史研究所が所蔵し、近現代史ゼミで翻刻、「胡桃澤盛日記」刊行会によって『胡桃澤盛日記』全6冊が刊行（2010～2013年、飯田市歴史研究所監修）された。また『「胡桃澤盛日記」の周辺──胡桃澤盛日記・別巻』（2015年）は、胡桃澤盛と関係のあった8人からの聞き取りをまとめたものである。

　飯田市歴史研究所へ問い合わせれば購入できる。

② 松島格次　義勇軍日記　『魂　其ノ1』

　松島挌次は大正14（1925）年下伊那郡市田村に生まれた。満蒙開拓青少年義勇軍に参加し、当時のことを日記に克明に書き綴っている。日記は原英章により翻刻され、飯田市歴史研究所から『飯田下伊那の少年たちの満州日記』として2019年10月刊行された。

③ 江塚栄司『大陸行日誌』

　江塚栄司は大正13（1924）年下伊那郡松尾村の農家に生まれた。18歳の青年学校のときに長野県報国農場へ勤労奉仕隊応援隊として渡満した。7月から8月、帰国するまでの50日間を手帳に記し「大陸行日誌」とした。翻刻を伊坪俊雄が行い『飯田下伊那の少年たちの満州日記』として松島挌次のものと併せて刊行した。なお江塚栄司の聞き取りは『下伊那から満州を考える：聞き書きと調査研究3』（満州移民を考える会編集委員会 編著、2016年12月）にも収められている。

　「胡桃澤盛日記」は、原本・複写版とも、「松島格次」と「江塚栄司」の日記は複写版を飯田市歴史研究所で閲覧できる。

6. 個人文書に含まれる満洲開拓関係文書

解　説

　個人の家で保管されてきた3人の方の文書の中に、満洲移民関係のものが含まれている。

① 中原謹司文書

　中原謹司（1889年〜1951年）は下伊那郡龍江村（現 飯田市龍江）生まれ。早稲田大学在学中に演劇を学ぶ。帰郷後飯田で「信濃時事新聞社」に勤めた。自ら「信濃国民新聞」「信洲郷軍」を発行した。愛国勤労党員として県会議員から衆議院議員に当選、海軍参与官となる。一方政治結社「信洲郷軍同志会」の中心人物として活躍、戦後公職追放となり帰郷した。

　自宅に残されていた資料は国立国会図書館憲政資料室「中原謹司関係文書」として移管、所蔵されている。ここには満洲開拓関係文書114点が含まれている。その他自宅に残されていた図書や写真類が飯田市歴史研究所に保管されている。

② 市瀬 繁 文書

　市瀬繁（1890年〜1971年）は下伊那郡鼎村（現 飯田市鼎）生まれ。1913（大正2）年、伊賀良村市瀬家へ養子に入る。1915（大正4）年陸軍中尉となる。村役場の収入役となり、村会議員、1935（昭和10）年県会議員となった。下伊那郡在郷軍人会会長。自宅に残されていた県行政関係資料の中に満洲開拓の資料がある。「開拓特別指導郡指針」や、1943（昭和18）年天皇の御下問を長野県知事が受け、その「聖旨」を満洲開拓民に届けるために、1943年6〜7月にかけて満洲を一巡しているが、その準備が周到に行われていたことを示す資料も残されている。資料は市瀬家と飯田市歴史研究所に保管されているので、閲覧できる。

③ 宮下 功 文書

みやしたいわお

　宮下功（1899年～1972年）は下伊那郡山吹村（現 高森町山吹）生まれ。長野師範、神田正則英語学校、順天中学校卒業、再度長野師範本科を修了、帰郷して県内小学校に勤務、下久堅国民学校長となる。終戦後県教組副執行委員長。1949（昭和24）年51歳で退職。『高森町史』編纂に従事、下伊那原水爆禁止協議会会長などもつとめた。

　1943（昭和18）年夏、下久堅小学校長在職中、教学奉仕隊として全国の教員と共に渡満、義勇隊訓練所や開拓団などを巡見した。その様子を書きとめ、帰国してから「満洲紀行」として手書きの13綴りからなる冊子にまとめた。これには訪問先の記録の他、毎日の気温を記録、押花、昆虫、満洲のお金、絵葉書、写真なども含まれている。

　この他子どもの作品、来翰、組合運動、新聞切り抜き、原水協運動など、多数の資料を整理し残している。「満洲紀行」については2017年飯田市歴史研究所満洲移民研究ゼミナールによって『宮下功「満洲紀行」──昭和18年夏教学奉仕隊の記録』として翻刻出版され、同研究所で購入できる。なお、「満洲紀行」の原本や教員組合運動、原水協運動などの資料も飯田市歴史研究所で保管しているので閲覧できる。

7. 新聞にみる満洲開拓関係記事

解　説

　飯田下伊那地方では、明治期から新聞の発行が盛んで、昭和初期には7紙が発行されていた。戦時中は昭和14（1939）年8月1日から『南信新聞』など全紙が統合され『信州合同新聞』となり、更に企業統合で長野県内1紙と決められ昭和17（1942）年4月27日『信濃毎日新聞』になった。

　満洲開拓についての記事は、満洲国建国前から南信新聞に掲載され始めた。昭和3（1928）年8月16日付の小西飯田町長による「満洲開拓視察」、同年10月10日付の今村良夫下伊那在郷軍人会長「満蒙私見」などである。満洲開拓が昭和11（1936）年に国策になると、松島自由移民・分村移民・分郷移民・青少年義勇軍の様子が毎日のように各新聞に載った。内容は各村の様子や視察報告などで、村長や満洲開拓地の様子がシリーズで掲載された。

　昭和7（1932）年10月4日付の信濃毎日新聞には「武装移民」423人が東京駅を出発したこと、同紙の昭和9（1934）年9月26日付には「下伊那から開拓花嫁3人が渡満」したことが写真入りで掲載された。

　各新聞とも満洲開拓政策や移民を賛美するものばかりである。

　飯田郷についても、昭和18（1943）年6月25日付の信濃毎日新聞に「決して遅くはない、心を転換蹶起せよ　烈々燃ゆ　五味飯田郷団長」と団長の顔写真入りで掲載されている。戦後、昭和21（1946）年7月30日付には、河野村の胡桃澤盛前村長の遺書「開拓民にもうしわけない」の記事を載せている。

　信濃毎日新聞ではアジア太平洋戦争が始まると、一挙に戦争記事が多くなり、満洲開拓の記事は少なくなる。しかし関係記事は掲載され続け、昭和18（1943）年前後には、分郷開拓として「南信濃郷開拓団」「阿智郷開拓団」、分村開拓として「河野村開拓団」が送出された記事が載っている。

戦時中これらの新聞には、毎日のように満洲開拓の記事が掲載されている。

　羽生三七の視察報告や開拓団長の座談会などのシリーズ掲載もあり、それらのタイトルだけでもリスト化しようと試みたが、膨大すぎてできなかった。閲覧する場合は、満洲開拓の記事ばかりではなく、他の記事も見て、当時の地域社会がどう動いていたのかを汲み取ってほしい。

　たとえば昭和15（1940）年2月11日付信州合同新聞には、皇紀2600年を祝い、全国一斉に万歳三唱している紙面に、上久堅村では拓務省職員が村の開拓委員と一緒に各戸訪問し、渡満勧誘に歩いている記事が大きく載っている。上久堅では分村を決めたが渡満者がわずかで、拓務省・農村更生協会・県などによる強力な勧誘指導が行われた。また同時に、軍需工場への募集記事も掲載されていたりするので、紙面全体を比較してみることが必要である。

　各紙とも国策を推進する中心的為政者や市民をほめたたえ、渡満を躊躇する人々の声は伏せている。こうして、マスコミも国策満洲開拓を推進する役割を担っていたことを読み取ってほしい。

　飯田では戦後様々な新聞が創刊され、また統合されてきたが、どの新聞でも引揚者の記事、満洲開拓地の思い出の記事が掲載されるようになる。信濃毎日新聞では残留孤児・残留婦人のことを取り上げるようになり、70年後の2015年には、帰国者が県外へ再開拓に挑戦し、原野を切り拓いた姿を取り上げるに至った。

　信濃毎日新聞を含め、これらの新聞は、飯田市立中央図書館でデジタル版が閲覧可能である。なお、信濃毎日新聞を除いた地元新聞は飯田市歴史研究所でもデジタル版の閲覧ができる。

新聞に見る満洲開拓関係記事 （創刊順）

No	紙　名	発行期間	満洲開拓記事掲載始め号
1	信濃毎日新聞	明治 6 年長野新聞、明治 14 年紙名変更～現在	昭和 7 年頃～現在
2	南信新聞	明治 35 年～昭和 14 年 7 月	昭和 3 年頃～昭和 14 年 7 月
3	信濃時事新聞	大正 4 年～昭和 14 年 7 月	昭和 7 年頃～昭和 14 年 7 月
4	信濃大衆新聞	大正 15 年～昭和 14 年 7 月	昭和 7 年頃～昭和 14 年 7 月
5	信濃国民新聞	昭和 7 年 5 月～昭和 8 年	昭和 7 年～昭和 8 年
6	信州郷軍	昭和 9 年 3 月～昭和 16 年	昭和 10 年 8 月～
7	飯田毎日新聞	昭和 10 年 9 月～昭和 14 年 7 月	相和 10 年 9 月～昭和 14 年 7 月
8	信州合同新聞	昭和 14 年 8 月～昭和 17 年 4 月	昭和 14 年 8 月～昭和 17 年 5 月
9	新信州日報	昭和 20 年 11 月～昭和 22 年 9 月	昭和 20 年 11 月～ 22 年 9 月
10	南信時事	昭和 22 年 4 月～昭和 29 年 9 月	戦後引揚げ記事・満洲帰国者の記憶
11	南信州新聞	昭和 22 年 9 月～（途中紙名変更）	戦後引揚げ記事・満洲帰国者の記憶
12	飯田の新聞	昭和 23 年 6 月～昭和 29 年 10 月	戦後引揚げ記事・満洲帰国者の記憶
13	南信タイムス	昭和 29 年～昭和 31 年 8 月	戦後引揚げ記事
14	南信日報	昭和 31 年 8 月～昭和 39 年	戦後引揚げ記事・満洲帰国者の記憶
15	信州日報	昭和 39 年～平成 23 年 11 月	戦後引揚げ記事・満洲帰国者の記憶

第Ⅱ部
出版物・写真・映像・音声
資料目録

1. 飯田下伊那の満洲移民関係図書・論文・報告など

解　説

　飯田下伊那の満洲移民研究にはたくさんの方が関わり、多くの成果が公刊されている。以下1〜7を基準にリストを作成した。

1.　飯田下伊那の満洲開拓に関する図書・論文・報告など・雑誌・行政で刊行した図書。
2.　農業開拓団史、義勇隊訓練所史、報国農場史、勤労奉仕隊、手記など。なお、飯田下伊那の人が1人でも関係していれば、その開拓団、義勇隊の記録も含めた。
3.　図書全体が飯田下伊那に関するものではなくても、一部に記述が含まれているものも含めた。
4.　戦争体験・シベリア抑留記でも、満洲開拓体験が含まれるもの。
5.　満洲開拓引揚者による戦後再開拓についての図書、論文、聞き取り調査の報告書。
6.　原図書が少ない場合は複写版で収録したものもある。
7.　図書・論文の収集範囲は2019年12月末までに刊行されたもの。

記載方法は以下のようにした。

1.　刊行年代順に表示し、和暦で示されていても西暦にかえた。月別順にはしていない。
2.　図書名は標題紙の書名とし『　　』は省いた。副題も載せた。
　　論文名（研究ノート含む）は「　」を付けた。雑誌、機関誌などに論文・研究ノートと明記されたもの、それに類するものを載せた。
　　報告などは〈　　〉をつけた。上記、図書・論文に入らない、視察記・調査報告・手記・資料紹介・記録などを入れた。
　　編著者の欄に掲載誌を『　　』で表示した。
3.　所蔵館については複数館で所蔵しているが、飯田市歴史研究所をA、飯田市

立中央図書館をＢとしてあるが、ＡＢに無いものは解る範囲で所蔵館を載せた。図書についてはほとんど国会図書館に納められている。

　——は『長野県満州開拓史　各団編』（長野県開拓自興会満州開拓史刊行会、1984 年）で引用した資料で、現段階では所蔵者が不明なものと、個人所蔵のものである。

　これ以外にも著者が収集できなかった図書・論文・報告などがあると思われる。それに関してはお詫び申し上げたい。

　以下、これら図書・論文・報告などの内容について時期を区分してその特徴をみていく。

①　1920 年〜 1945 年（文献目録 No.1 〜 82）

　飯田下伊那からの移民が行われたのは 1932 年〜 1945 年の間である。しかしそれ以前にも満洲視察は行われた。中原謹司（愛国勤労党・県会議員）は南信国民大会を 1931 年に開き「国際連盟から脱退し、満洲進出を国策として行え」と演説した。

　この 25 年間に出版されたものは、信濃教育会、県社会課、下伊那町村長会主催で行われた満洲視察の報告書である。下伊那町村長会の主催で行われた 1938 年 6 月〜 7 月の視察は写真集も発行され、各村長が村の新聞（『時報』・『村報』）に詳しく載せている。

　また、県・村・農村更生協会などが送出促進のために出版したものが多い。武装移民として全国編成開拓団『弥栄村の概要』（1940 年）が出版されている。これらとは異なり、大東亜省で出版『大八浪開拓団綜合調査報告書』（1943 年）もみられるが、これは泰阜分村へ東京大学の学生を派遣して調査させたものであり、「現地の生活が厳しいこと」などが書かれている。この報告書が母村の下伊那郡泰阜村に送られた形跡はない。

　小説家北町一郎による伊那谷・上久堅訪問記「花翳る村」（1940 年）は、貧しい農村風景が感じられる異色作である。

　分村した村の記録では泰阜村・上久堅村のものが多い。

②　1948 年〜 1960 年（文献目録 No.83 〜 92）

　戦後の 3 年間は空白期間である。まず 1948 年に〈岩手県上郷村開拓団〉として、「上郷公民館報」に戦後開拓についての記事が掲載され始めた。同じ年に、下伊那地方事務所農地課と下伊那緊急開拓後援会が『下伊那に於ける開拓事業の概況』（1948 年）を刊行した。そこには 1945 年秋から再開拓の計画が立てられ、郡内に 12 ヵ所、北海道など県外 10 道県に開拓地を求めたという記述がある。満洲帰国者は、せっかく戻ってきたにもかかわらず、再び離れていったのである。地方事務所ではこの 2 年後に開拓先に移住した人々の名前入りの『下伊那開拓五周年記念誌』（1950 年）を刊行した。

　開拓団・義勇隊の記憶として、飯田で初めて『あゝ水曲柳』（おさひめ書房）が 1952 年に刊行されたが、その後しばらくこうした記憶をめぐる書物は刊行されていない。

③　1961 年〜 1980 年（文献目録 No.93 〜 146）

　1960 年代になると、満洲の各開拓団・義勇隊開拓団の関係者が同志会をつくり、団史を発行している。団長の多くが亡くなっており、その開拓団の中心にいた人々が寄付を集めて出版にこぎつけている。苦楽を乗りこえた生活、敗戦のため死線をこえて帰国した記憶などが綴られている。これらの中には、関係者だけに配布されたものもある。

　長野県からの移民者が多かったので、戦後 20 年を経てマスコミはようやく帰国者からの体験記を取り上げるようになった。信濃毎日新聞社が全県から募集して出版したのが『平和のかけはし』（1968 年）と『この平和への願い』（1976 年）である。

　下伊那教育会の雑誌『下伊那教育』にも義勇軍送出についての記述が断片的に載るようになるが、送出にかかわった責任については記述がない。

　1977 年、小林弘二が『満州移民の村──信州泰阜村の昭和史』（筑摩書房）を出版した。国策によって棄民とされた満洲分村移民の虚像と実像が、泰阜村をモデルにまとめられた。地域の中に移民推進者がまだ存命で、伊那谷では満洲移民について公に述べることが憚られていた戦後 30 年間、研究者による東京の出版社からの刊行は衝

撃的であった。そして3年後、ようやく地元である泰阜村から『満州泰阜分村——後世に伝う血涙の記録』（泰阜村、1979年）が体験者の手記を中心に刊行された。

泰阜村の天竜川対岸にある大下條村の村長佐々木忠綱は分村移民を拒否したが、戦後は帰国者を援助して送り出した静岡県西富士開拓地に関する『富士開拓三十年史』（1976年）が刊行された。これは、満洲移民の送出と対比して考えさせられる書籍である。

④　1981年〜1990年（文献目録 No.147〜193）

この10年間で、帰国者の中から手記を単行本として出版する人が出てきた。家族をすべて失った近藤かつみ著『七人の遺髪』（1985年）は最初に刊行された手記として貴重である。また『弥栄村史』など6つの団史も発行された。

1984年、県が自興会とともに発行した『長野県満州開拓史　総編』、『長野県満州開拓史　各団編』、『長野県満州開拓史　名簿編』は、長年にわたる資料収集に基づくもので、長野県の満洲開拓の全貌をみる上での基礎資料となった。

郷土出版社から写真集も発行されたが「素晴らしい満洲」の写真がほとんどである。

1990年には、NHKのドキュメンタリー「忘れられた女たち」が放映され、同名の書籍も出版された。中国に満洲移民で渡満した人で、いまだに日本へ帰れない残留婦人の存在がこの番組と図書によって日本中に知られ、大きな反響を呼んだ。

⑤　1991年〜2000年（文献目録 No.194〜227）

1995年8月9日〜12日、飯田市で初めての満洲開拓に関するシンポジウム「戦後50年いま、再び〈満蒙開拓団〉を問う」が飯田市文化会館などで開かれた。2回目は1996年11月23日〜24日に開かれた。これには国内はじめ中国・韓国の研究者とともに、地元満洲帰国者も参加した。当時「満蒙開拓団調査研究会」（会長　清川紘二）の要請を受けた、飯田市教育長小林恭之助の決断で、飯田市が公式に〈満洲開拓の負の歴史と向き合う〉きっかけとなった。映画『大日向村』、満洲で歌われた唱歌、各地の大学の研究者が報告、帰国者の語りが披露されるなど、多彩な内容で、飯田市ではめずらしい国際的なシンポジウムとなった。その内容は信濃毎日新聞や飯田市の新聞に連載された。シンポジウム報告集として4冊の書籍が刊行されている。

　この他、長野県歴史教育者協議会による『満蒙開拓青少年義勇軍と信濃教育会』（大月書店、2000年）が刊行され、なぜ長野県、特に下伊那郡からの渡満が多かったのかを分析し、青少年義勇軍の研究にとって基本的文献となった。

⑥　2001年〜2011年（文献目録No.228〜295）

　2001年以後、満洲移民関係の図書や論文が毎年10点以上も刊行されている。

　帰国者が高齢化する中で、手記の執筆や聞き取りが活発となった。2002年4月には「満蒙開拓を語りつぐ会」が発足し、翌年には『下伊那のなかの満洲』第1集を出版、以後毎年1集ずつ全10集まで刊行されている。84人に及ぶ語り手から聞き書きをした満洲体験の記憶が収録されている。この本が出版されると新聞に大きく取り上げられ、県内外から多くの購読希望があり、また自分の話も聞いてほしいという体験者からの連絡が入るようになった。渡満してから60年余りが過ぎ、聞き取りには遅すぎた憾（うら）みもあり、戦時中に渡満した世帯主はすでに鬼籍に入り、渡満動機などの話は聞き取りされていない。

　満洲移民に関する図書が、相次いで発刊される中でその代表が飯田市歴史研究所から市民ライブラリーとして刊行された『満州移民──飯田下伊那からのメッセージ』（現代史料出版、2007年）である。読みやすさと、東京の出版社から刊行されたこともあり、全国各地で読まれ、現在も版を重ねている。

　また、大阪中国帰国者センターによる『孤児からの手紙──中国残留日本人』（大阪中国帰国者センター、2006年）や『時報・村報にみる「満洲」移民』（飯田市歴史研究所、2006年）は、他に類をみない資料集である。

　オーラルヒストリーについては、満洲開拓帰国者による戦後開拓についても、「西富士」（静岡県）、「岩手上郷分村」（岩手県）、「鍋田開拓」（愛知県）、「富士ヶ嶺」（山梨県）などの調査が行われ、飯田市歴史研究所年報に調査報告として掲載されている。2012年以後も「増野原」（下伊那郡松川町）、「福島県松島共栄開拓団」などの報告書が出版されている。また、弘前大学高瀬雅弘教授による上郷分村に関する何年にもわたる聞き取りや、黒澤勉著『オーラルヒストリー「拓魂」──満州・シベリア・岩手』（風詠社、2014年）など、東北へ再開拓に行った人の聞き取り調査も目立つ。

　研究者に村民を交えて、泰阜村の満洲移民を掘り起こす活動が始まった。当時京都大学にいた蘭信三氏（現・上智大学）が、学生と村役場の資料を調査・研究し、残留

して帰国された方々からの聞き取りや、手記を収録した『満洲泰阜分村——七〇年の歴史と記憶』（不二出版、2007 年）が刊行された。

⑦　2012 年〜 2019 年（文献目録 No.296 〜 375）

この期間も引き続き多くの研究成果が出版されている。『胡桃澤盛日記』4 巻〜 6 巻（胡桃澤盛日記刊行会、2012 年〜 2013 年）、『宮下功の満洲紀行』（飯田市歴史研究所、2017 年）のような記録が翻刻出版されたことは、これからの研究の基礎となるであろう。この他、手記・オーラルヒストリーも多く公表された。

また一段と深く掘り下げられた研究成果がみられるようになった。その中で下伊那からの満洲移民送出要因としての「経済的貧困説」のみが否定されつつあり、為政者による圧力を主因とするものが目立つ。特に下伊那町村長会、下伊那教育会、各村の村長など、為政者や信洲郷軍同志会の果たした役割などを分析したのが特徴である。

「満蒙開拓を語りつぐ会」は「満州移民を考える会」へと移行し、これまで『聞き書きと調査研究　下伊那から満州を考える』を 1 〜 4 集まで刊行し、次世代への橋渡しを模索している。今後も広い視点から飯田下伊那の流れが研究されることを期待している。

飯田下伊那の満洲移民関係図書・論文・報告など

No	発行年	図書名・表題	編著者（掲載誌『 』）	発行所	形状	所蔵館
1	1920	鮮支旅行記念帖	下平政一編	編者	図書1冊	A・B
2	1923	海の外	信濃海外協会編 1923年～1944年	編者	月1回発行	長野県図
3	1932	満洲愛国信濃村移住地の建設	永田 稠著	信濃毎日新聞社	図書253頁	A
4	1932	〈満蒙経綸を念ふ〉	依田 泰著『信濃教育』	信濃教育会	雑誌545号	A・B
5	1932	〈満蒙経綸を念ふ〉	依田 泰著『信濃教育』	信濃教育会	雑誌552号	A・B
6	1933	〈満蒙研究所設置を要望す〉	満蒙視察派遣員『信濃教育』	信濃教育会	雑誌561号	A・B
7	1933	〈満洲の教育〉	小山 保雄著『信濃教育』	信濃教育会	雑誌565号	A・B
8	1934	〈満洲認識の是正〉	半田 清春著『信濃教育』	信濃教育会	雑誌568号	A・B
9	1934	〈満洲教育見聞記〉	小山 保雄著『信濃教育』	信濃教育会	雑誌578号	A・B
10	1934	〈満洲認識の是正〉	半田 清春著『信濃教育』	信濃教育会	雑誌571号	A・B
11	1934	〈満洲教員見聞記〉	――『信濃教育』	信濃教育会	雑誌577号	A・B
12	1935	長野県青年代表満鮮視察旅行記	長野県社会教育課編	編者	図書128頁	B
13	1935	移植民教育に関する調査研究	調査委員著『信濃教育』	信濃教育会	雑誌586号	A・B
14	1936	長野県青年代表満鮮視察旅行記	長野県社会教育課編	編者	図書125頁	B
15	1936	満洲農業移民	信濃教育会編	編者	図書106頁	B
16	1936	満洲信濃村建設概況	長野県学務部著	著者	冊子16頁	B
17	1936	農村更生と満洲農業移民――満洲事変記念日を迎えて	長野県編	著者	冊子12頁	B
18	1936	本県の満洲移住地建設経過	信濃海外協会著	著者	冊子36頁	B
19	1937	満洲信濃村移民団員名簿	長野県編	編者	冊子30頁	A・B
20	1937	満洲信濃村建設と移民募集に就いて	下久堅村満洲農業移民後援会編	編者	2枚	A
21	1937	満洲信濃村建設の栞	長野県職業課編	長野県	冊子45頁	B
22	1937	〈北満移民地を視察して〉	古川真澄著『信濃教育』	信濃教育会	雑誌614号	A・B
23	1937	〈拓殖教育に関する管見二三〉	平林伝蔵著『信濃教育』	信濃教育会	雑誌605号	A・B

No	発行年	図書名・表題	編著者（掲載誌『 』）	発行所	形状	所蔵館
24	1937	〈全国に魁けて──すぐれた県民性〉	塩澤治雄著『拓け満蒙』	満州移住協会	機関紙 1-8	長野県図
25	1938	満洲農業移民地視察報告書	下伊那郡町村長会編	編者	図書 63 頁	A・B
26	1938	満州農業移民地視察報告（写真帳）	下伊那郡町村長会編	編者	アルバム	A
27	1938	〈松島村自由移民と松島親造氏を語る〉	──『中部公論』	飯田事業評論社	雑誌 6 月号	A
28	1938	〈満洲移民の今後に考慮さる可き重要問題〉	山田阿水著『中部公論』	飯田事業評論社	雑誌 2-6	A・B
29	1938	〈満洲農業移民感想〉	羽生三七著『中部公論』	飯田事業評論社	雑誌 2-6	A・B
30	1938	〈移民計画を再検討せよ〉	中島三郎著『中部公論』	飯田事業評論社	雑誌 2-6	A・B
31	1938	〈満洲雑感〉	須山賢逸著『中部公論』	飯田事業評論社	雑誌 2-6	A・B
32	1938	〈国策線上に沿ふ満洲移民に就いて〉	高坂鷹平著『中部公論』	飯田事業評論社	雑誌 2-6	A・B
33	1938	上久堅村更生計画要項	上久堅村編	編者	冊子 24 頁	A・B
34	1938	〈青少年義勇軍訓練所に就いて〉	松岡正人著『信濃教育』	信濃教育会	雑誌 620 号	A・B
35	1938	満州農業移民地視察報告書	蚕業組合青年聯盟全国聯合編	編者	図書	国会図
36	1939	〈満洲国教育とは何か〉	竹田浩一郎著『信濃教育』	信濃教育会	雑誌 630 号	A・B
37	1939	〈満蒙開拓哈爾浜訓練所満蒙開拓青少年義勇隊特別訓練所概況〉	満洲通信『信濃教育』	信濃教育会	雑誌 634 号	A・B
38	1939	興亜青年勤労報国隊中隊誌　上・下	石井清司著	長野中隊	図書 2 冊	A
39	1939	〈満洲開拓村を語る〉	小塩完次・小塩とよ子著『家の光』	家の光協会	雑誌 15 号	B
40	1939	第 4 次南五道崗開拓団概況	南五道崗開拓団編	南五道崗開拓団	図書	──
41	1939	〈農村更生と満洲移民〉	長野県経済部編「経済更生資料」	編者	雑誌 39	B
42	1939	〈興亜農業報国隊──北満だより〉	竹内壽男著『長野県農会報』	長野県農会	雑誌 40-4	長野県図
43	1939	〈懐想の過夏〉	藤森清一著『長野県農会報』	長野県農会	雑誌 40-3	信大図
44	1939	〈満蒙開拓青少年義勇軍〉	野村篤恵著『信濃教育』	信濃教育会	雑誌 636 号	A・B
45	1939	〈満洲通信 3〉	田中勇治著『信濃教育』	信濃教育会	雑誌 637 号	A・B

No	発行年	図書名・表題	編著者（掲載誌『　』）	発行所	形状	所蔵館
46	1939	〈呼倫海爾開拓組合視察記〉	清水重美著『長野県農会報』	長野県農会	雑誌 40 ～ 11	長野県図
47	1940	満洲開拓の栞	伊賀良村尋常小学校	伊賀良村役場	冊子 55 頁	A
48	1940	〈花翳る村〉	北町一郎著『新女界』	新人社	雑誌 62-6	A
49	1940	満洲分村を語る	長野県経済部編	編者	冊子 80 頁	飯島図
50	1940	弥栄村の概要	満洲事情案内所編	編者	図書	国会図
51	1940	〈分村運動と弱小農家〉	早川孝太郎著『農業と経済』	農業と経済社	雑誌 7 ～ 6	B
52	1940	〈第八次大八浪開拓団現況報告書〉	長野県編「満洲開拓農民送出状況」	編者	冊子	A
53	1940	〈満州移民〉	矢高行路著『冬の桑園』	日本編集センター	図書 1968 出版	A・B
54	1940	〈下伊那三カ村の分村計画〉	鈴木脩一著『村』7 巻	農村更生協会	雑誌 53 ～ 56	B
55	1940	〈分村開拓地の実状は――開拓団長に聞く座談会〉	青木虎若・堀川清躬・清水直夫・倉沢大発智・島岡米男・松原専重・塩沢治雄・座光寺久雄他『新満洲』	満洲移住協会	機関紙 4-4	信大図
56	1941	〈分村の完遂を望み村の指導層に愬う〉	早川孝太郎著『農と農村文化』月報	農村文化協会	雑誌 8-1 号	A・B
57	1941	〈分村運動と弱小農家〉	早川孝太郎著『農と農村文化』月報	農村文化協会	雑誌 7 月号	B
58	1941	経済更生要旨卜村概況並ニ分村運動ノ経過	長野県泰阜村編	編者	冊子 38 頁	A・B
59	1941	分村情報　51 ～ 55、60、62、65 号	長野県更生協会編	編者	冊子	A・B
60	1941	満洲国農業移民地視察管見　第六輯	信濃教育会編	編者	図書 146 頁	A
61	1941	〈満洲開拓民送出に関する方法論的考察〉	池田威著『日本拓殖協会季報』	日本拓殖協会	雑誌 2-3	A
62	1941	晨明開拓団近況報告――満州開拓青年義勇隊	（晨明開拓団）編	編者	綴	――
63	1941	〈拓務省諮問答申〉	『信濃教育』	信濃教育会	雑誌 662 号	A・B
64	1941	〈時局下に於ける満蒙開拓政策に就いて〉	今吉敏雄著『信濃教育』	信濃教育会	雑誌 662 号	A・B
65	1941	〈信州拓殖表〉	永田稠著『信濃教育』	信濃教育会	雑誌 662 号	A・B
66	1941	〈現地訓練便り〉	原為二著『信濃教育』	信濃教育会	雑誌 662 号	A・B

No	発行年	図書名・表題	編著者（掲載誌『』）	発行所	形状	所蔵館
67	1941	〈県下拓殖教育状況及一覧表〉	『信濃教育』	信濃教育会	雑誌 662 号	A・B
68	1941	〈下伊那に於ける満洲分村運動に就いて〉	長谷部鑑著『長野県農会報』	長野県農会	雑誌 41-4	長野県図
69	1941	〈内原精神と学校教育〉	後澤重雄著『信濃教育』	信濃教育会	雑誌 659 号	A・B
70	1941	〈大東亜戦争と開拓運動〉	塩澤治雄著『長野県農会報』	長野県農会	雑誌 43 号	長野県図
71	1942	〈カメラで描く開拓史〉	今村清著『家の光』	家の光協会	雑誌 18 号	B
72	1942	新らしき村を訪ねて――長野県満洲視察新聞記者団報告記	長野県拓務課編	編者	図書 160 頁	長野県図
73	1942	支那・満洲国視察管見第七輯	信濃教育会編	編者	図書 103 頁	A
74	1942	〈義勇軍内原訓練所入所携帯品について〉	原為二著『信濃教育』	信濃教育会	雑誌 665 号	A・B
75	1942	〈教学奉仕行〉	中島克己著『信濃教育』	信濃教育会	雑誌 665 号	A・B
76	1942	〈満洲派遣農業学校隊〉	山崎平四郎著『信濃教育』	信濃教育会	雑誌 669 号	A・B
77	1942	農産公社の概要	野口文治編	満洲農産公社	図書	国会図
78	1942	〈義勇隊の村つくり――第一次横道子開拓団を訪ねて〉	熊谷元一著『家の光』	家の光協会	雑誌 18-2	国会図
79	1943	第八次大八浪開拓団綜合調査報告書	大東亜省編	編者	図書 370 頁	A
80	1943	満洲開拓地調査団	松尾村調査団編	編者	冊子	A
81	1943	北満に於ける蔬菜栽培法	筒井茂實著（河野村出身）	満洲事情案内所	図書 345 頁	A
82	1944	信濃開拓時報 1〜11 号	長野県開拓協会編	編者	冊子 11 冊	A
83	1948	下伊那に於ける開拓事業の概況	下伊那開拓三週年記念事業実施委員会編	編者	冊子 42 頁	A
84	1948	〈岩手県上郷村開拓団〉	館報かみさと編集委員会編	上郷公民館	館報 6 月〜	A・B
85	1950	下伊那開拓五周年記念誌	下伊那地方事務所農地課編	下伊那緊急開拓後援会	図書 74 頁	A
86	1950	〈未墾地買収と開拓事業〉	河野豊治著『下伊那に於ける農地改革』	下伊那地方事務所農地課	図書 125 頁〜	A・B
87	1952	あゝ水曲柳	下井治雄編	おさひめ書房	図書 183 頁	A・B
88	1952	〈大陸への門出〉	小川正三著『下伊那教育』	下伊那教育会	雑誌 33 号	A・B

No	発行年	図書名・表題	編著者（掲載誌『 』）	発行所	形状	所蔵館
89	1954	〈満洲農業開拓団と本郡〉〈特別開拓指導郡下伊那の計画〉	下伊那産業組合史編纂委員会編『下伊那産業組合史』	天龍社	図書106頁～109頁～	A・B
90	1955	開拓十年	長野県開拓十周年事業実行委員会編	長野県開拓協会	図書161頁	B
91	1958	三穂村従軍記念誌	三穂村従軍記念誌編纂会編	編者	図書41頁～	A
92	1960	〈外地視察派遣〉〈青少年義勇軍送出し〉	『下伊那教育会七十年史』編さん委員会編	編者	図書140頁～365頁～	A・B
93	1964	〈青少年義勇軍〉	根羽小学校沿革史編纂委員会編	根羽村教育委員会	図書196頁～	A・B
94	1965	満洲千振開拓史	宗光彦編	千振開拓農業協同組合	図書152頁	長野県図
95	1966	春風――開拓婦人20年の歩み	静岡県農地部農地計画課編	編者	図書 複写版	A
96	1966	開拓二十年史	長野県開拓二十年史編集委員会編	開拓二十周年記念事業実行委員会	図書446頁	A
97	1967	ああ満州開拓義勇隊東海浪始末記	瑞原会編	編者	図書216頁	――
98	1967	呼蘭――満州開拓青年義勇隊久保田中隊の記録	呼蘭編集委員会編	鉄驪会	図書168頁	京大図国文研
99	1968	大古洞開拓団殉難の記	大古洞開拓団生活者の会編	編者	冊子22頁	B
100	1968	ましの――増野開拓のあゆみ	松川町婦人会編	編者	図書69頁	A
101	1968	根羽軍人会史　附義勇軍・開拓団の歩み	根羽村編	編者	図書324頁	A・B
102	1968	平和のかけはし	信濃毎日新聞編集局編	信濃毎日新聞社	図書272頁	A・B
103	1968	ああ！ シベリヤ捕虜収容所	忠平利太郎著	未央書房	図書229頁	A・B
104	1969	〈私の日中友好運動の記録〉	山本慈昭著『生と死の実録』	長野県厚生団体連合会	図書255頁～	B
105	1969	拓魂――九中隊の記録（旭日義勇隊）	宮野茂太郎編	九中隊残党拓友会	図書	――
106	1971	満洲開拓悲史――中和鎮信濃村開拓の最後	中沢伸太郎著	中和鎮信濃村開拓団	図書59頁	B
107	1972	〈満州移民の生活と悲劇・満蒙開拓青少年義勇軍の送出〉	長野県編『長野県政史』2	編者	図書385頁	A・B

No	発行年	図書名・表題	編著者（掲載誌『』）	発行所	形状	所蔵館
108	1972	〈満州へ満州へ　そして〉	長沼とめ子著『第二次大戦のころ』	飯田文化財の会	図書	A・B
109	1972	大陸の足跡	小川正三著	著者	図書 128 頁	B
110	1972	惨！　ムーリンの大湿原	第五次黒台信濃村開拓団同志会編	編者	図書 554 頁	A
111	1973	生死の境——上久堅開拓団の記録	上久堅開拓団拓友会編	編者	図書 101 頁	A・B
112	1973	鉄驪の丘——小池中隊回顧録	竜志会事務局編	編者	図書 268 頁	A・B
113	1973	遥かなる赤い夕陽（八洲義勇隊）	八洲会神田高男編	八洲会	図書 384 頁	長野県図
114	1973	〈満蒙開拓青少年義勇軍——座談会歴史は語る 2〉	下伊那教育会編『下伊那教育』	編者	雑誌 102 号	A・B
115	1974	足跡——開拓 20 年の歩み	西富士青年クラブ編	編者	図書	A
116	1974	泰阜村の満州移民	清水祐三著	泰阜村北小学校	綴 ガリ版刷	A・B
117	1975	〈中国から引揚げた二人の児と共に〉	古川隼人著『下伊那教育』	下伊那教育会	雑誌 106 号	A・B
118	1975	追憶 あゝ中和鎮	竹下貞美（代表）編	小林大樹（事務局）	図書 394 頁	長野県図
119	1975	〈満洲開拓「王道楽土」の夢〉	熊谷元一著『ある山村の昭和史』	信濃路	図書	A・B
120	1975	水曲柳会々員名簿～昭和 50 年 4 月現在	沢柳宗男編	水曲柳開拓団	冊子 42 頁	A
121	1976	富士開拓三十年史	富士開拓三十年史編纂委員会編	静岡：富士開拓農業協同組合	図書 682 頁	A
122	1976	新生開拓三十年の道	新生開拓農業協同組合入植三十周記念編集委員会	新生開拓農業協同組合	図書 575 頁	A
123	1976	この平和への願い——長野県開拓団の記録	信濃毎日新聞社編	編者	図書 124 頁	A・B
124	1976	創立三十年記念誌	泰阜村立泰阜南中学校編	編者	図書	A
125	1976	〈西富士開拓に生きた人たち——村の原点は風化した〉	甲田寿彦著『月刊エコノミスト』	毎日新聞社	雑誌 7-9	A
126	1977	満州移民の村——信州泰阜村の昭和史	小林弘二著	筑摩書房	図書 256 頁	A・B
127	1977	〈満州での逃避行〉	戸田勝子著『母たちの戦争体験』	飯田市川路公民館	図書 263 頁～	B
128	1977	当校における中国帰国子女教育——昭和五十一年度	泰阜村立泰阜南中学校編	編者	図書	A

No	発行年	図書名・表題	編著者（掲載誌『 』）	発行所	形状	所蔵館
129	1977	平和への願い——千代分村開拓団の記録	開拓慰霊碑建立委員会編	編者	図書 164 頁	A・B
130	1978	戦争は未だ終わらない	山本慈昭編著	日中手をつなぐ会	図書 506 頁	B
131	1978	曠野に残したもの——第1次長崗開拓団史録	長野県長崗会編	編者	図書 262 頁	長野県図
132	1978	追憶 北満の記録——長野県農業会窪丹崗報国農場	宮沢昌一想満会事務局編	編者	図書 328 頁	長野県図
133	1978	〈中国帰国子女の特別教育〉	『下伊那教育会九十年史』編さん委員会編	下伊那教育会	図書 603 頁	A・B
134	1978	当校における中国帰国子女教育	泰阜村立泰阜南中学校編	編者	図書	泰阜南中
135	1979	満州泰阜分村——後世に伝う血涙の記録	満州泰阜分村記念誌編集委員会編	泰阜村	図書 580 頁	A・B
136	1979	廣野の露をともに踏み——第三次小林中隊鳳鳴義勇隊	鳳鳴同志会編	編者	図書 207 頁	長野県図
137	1979	満蒙開拓の手記——長野県人の記録	NHK長野放送局編	日本放送出版協会	図書 421 頁	A・B
138	1979	見果てぬ水曲柳訪問の旅	沢柳宗男著	水曲柳会	図書 180 頁	A・B
139	1979	草燃ゆる北満の青春写真集——第1次八洲義勇隊開拓団折山中隊	代表川上貞治編	八洲会	図書 179 頁	A
140	1979	老石房川路村	満州分村記録編さん委員会編	川路村地区自治協議会	図書 134 頁	A・B
141	1980	満洲城子河開拓団史	城子河開拓団史刊行会編	編者	図書 622 頁	A
142	1980	〈満州紀行〉	宮下功著『無功抄』	無功抄刊行会	図書 160 頁～	A・B
143	1980	望郷 生きて故国へ	原繁生編	満洲開拓長野村同志会	図書 388 頁	B
144	1980	松花江の流れに——第七次両角中隊小史	三江会編	編者	図書 317 頁	A
145	1980	〈満州河野村開拓団の最後〉	久保田諫著『豊丘村民話集』	豊丘史学会	図書 130 頁	A・B
146	1980	〈青少年義勇軍——農兵隊産業戦士の送出〉	泰阜北学校史編纂委員会編『泰阜北学校史』	編者	図書 146 頁～	A・B
147	1981	再会——中国残留孤児の歳月	山本慈昭・原安治著	日本放送出版協会	図書 311 頁	A・B
148	1981	写真集 長野県満州開拓誌 一般開拓団	郷土出版社編	編者	図書 238 頁	A・B

No	発行年	図書名・表題	編著者（掲載誌『』）	発行所	形状	所蔵館
149	1981	写真集 長野県満州開拓誌 義勇隊開拓団	郷土出版社編	編者	図書 238 頁	A・B
150	1981	〈動員される生徒たち〉	伊賀良小学校百年史編集委員会編	伊賀良小学校百年史刊行委員会	図書 339 頁 ～	A・B
151	1982	第三次開拓団 あ、瑞穂村	瑞穂村開拓史刊行委員会編	編者	図書 554 頁	岩手県図 広島県図
152	1982	富士ヶ嶺開拓三十年誌	富士ヶ嶺開拓三十周年記念事業会編	編者	図書 485 頁	A
153	1982	岩手山麓開拓史	岩手山麓開拓史編集委員会編	滝沢村役場	図書 247 頁	A
154	1982	〈郡下各地に満州移民の運動〉	原均著『下伊那の百年』	信毎書籍	図書 148 頁	A・B
155	1982	再訪	沢柳宗男著	元水曲柳開拓団 水曲柳会	冊子 85 頁	B
156	1983	〈元満洲開拓民、麦島あき 中国残留孤児肉親捜し、山本慈昭〉	長野県飯田風越高校1年7・8組編『戦争体験記』	編者	図書 144 頁	B
157	1983	若き日の登音	藤森治郎（編）	龍川会	図書 294 頁	A・B
158	1983	〈満州開拓地調査の思い出〉	塩澤好人他『松尾風土記』	松尾公民館	雑誌 1 号	A・B
159	1983	中国帰国子女教育 10 年の歩み	泰阜村立泰阜南小学校編	編者	図書	泰阜 南中
160	1983	〈満州自由開拓民の記録〉	塩澤ちあき著『証言の昭和史』2	学習研究社	図書 72 頁～ 73 頁	B
161	1984	長野県満州開拓史 総編	長野県開拓自興会満州開拓史刊行会編	編者	図書 824 頁	A・B
162	1984	長野県満州開拓史 各団編	長野県開拓自興会満州開拓史刊行会編	編者	図書 940 頁	A・B
163	1984	長野県満州開拓史 名簿編	長野県開拓自興会満州開拓史刊行会編	編者	図書 1075 頁	A・B
164	1984	遥かなり望郷の軌跡	第五次伊拉哈会編	編者	図書 622 頁	A・B
165	1984	中国日本人公墓参拝の旅	第8次日中友好手をつなぐ会編	編者	図書 100 頁	B
166	1984	中国帰国子女教育研究	泰阜村立泰阜南中学校編	編者	図書	泰阜 南中
167	1984	〈昭和十八年の「満洲国開拓調査団の思い出座談会」〉	松尾昔を語る会編『松尾風土記』	松尾公民館	図書	A・B
168	1984	老石房訪問記	元川路開拓団他編	今村秀平	図書	B

No	発行年	図書名・表題	編著者（掲載誌『 』）	発行所	形状	所蔵館
169	1985	七人の遺髪――ソ連国境の開拓団から逃れて	近藤かつみ著	揺籃社	図書 187 頁	A・B
170	1985	弥栄黎明譜	新見勢市著	著者	図書 140 頁	A・B
171	1985	〈昭和十八年度標準農村の指定に付いて〉	農政局『農村漁村経済更生運動史資料集成』	柏書房（復刻版）	図書 349 頁〜 351 頁	A
172	1985	〈満蒙開拓青少年義勇軍の送出〉	高森南小学校編	編者	図書 482 頁〜	A・B
173	1986	弥栄村史	松下光男（編）	弥栄村史刊行委員会	図書 617 頁	B
174	1986	〈中国帰国児と共に〉	松下綾美著『下伊那教育』	下伊那教育会	雑誌 149 号	A・B
175	1986	終わりなき旅	井出孫六著	岩波書店	図書 305 頁	A・B
176	1986	永遠の大地もとめて	創価学会婦人平和委員会編	第三文明社	図書 314 頁	A・B
177	1987	開拓つれづれ物語――増野開拓 40 周年記念　記念文集	北原幸男著	著者	綴	A
178	1987	増野原開拓四十年の歩み	増野原開拓組合編	編者	図書 266 頁	A
179	1987	「自由大学の影響に関する一考察――大下條村の場合」	米山光儀著『慶應義塾大学教職課程センター』	慶應義塾大学教職課程センター	年報 2 号	A
180	1987	望郷――中国残留孤児の父・山本慈昭	和田登著	くもん出版	図書 173 頁	A・B
181	1987	戦争の傷痕――満鮮流浪の記	小川正三著	伊那史学会	図書 151 頁	A・B
182	1987	〈満蒙開拓青少年義勇軍の送出〉	『下伊那教育会史百周年記念』編纂会	下伊那教育会	図書 443 頁〜	A・B
183	1988	〈私の青春と満州開拓団〉	平澤与一著『ひさかた今昔物語』	下久堅公民館	図書 322 頁〜	A・B
184	1988	〈開拓義勇軍の一年〉	関口正巳著『ひさかた今昔物語』	下久堅公民館	図書 326 頁〜	A・B
185	1989	眠れこの柳の下に	張家会上久堅拓友会著	小木曽弘司　所三明	図書 142 頁	A・B
186	1989	中国引揚者子女教育研究実践記録　第 7 集	泰阜村立泰阜南中学校編	編者	図書	A・B
187	1990	〈下伊那地方の満州移民について〉	齊藤俊江著『伊那』	伊那史学会	雑誌 2 月号	A・B
188	1990	忘れられた女たち――ＮＨＫスペシャル 中国残留婦人の昭和	中島多鶴／ＮＨＫ取材班編	日本放送出版協会	図書 239 頁	A・B

No	発行年	図書名・表題	編著者（掲載誌『』）	発行所	形状	所蔵館
189	1990	脱出——満洲開拓団壊滅の記録	代田昇著	理論社	図書 265 頁	A・B
190	1990	南信濃郷開拓団史	原道雄著	著者	図書 131 頁	A
191	1990	岩手上郷分村に於ける「開拓二世」の女性たちのライフヒストリー	高瀬雅弘編	弘前大学教育学部	紀要 111 頁	A
192	1990	〈県民の戦争観の変化と満州開拓〉	長野県編『長野県史 通史編 第 9 巻近代 3』	長野県	図書 396 頁～ 420 頁	A・B
193	1990	四十七回忌記念文集	小木曽弘司編	上久堅拓友会	図書 91 頁	A
194	1991	開拓入植四十五周年記念誌	西富士長野開拓団編	編者	図書 145 頁	A
195	1991	広野に夢はせて——水曲柳の悲劇	矢澤姶著	ほおずき書籍	図書 196 頁	A・B
196	1991	長沼正平の便り（弥栄村からの便り）	長沼正平著	中島碩二	綴	A
197	1991	松島自由移民団の職員として——今牧芳平さんに聞く	蘭信三・齊藤俊江・寺田一雄編	（聞き取り原稿）	綴	A
198	1991	開拓入植四十五周年記念誌	西富士長野開拓団編	編者	図書 145 頁	A
199	1991	〈「満州」分村移民を拒否した村長〉	大日方悦夫著『歴史地理教育』	播磨書房	雑誌 10 月号	A
200	1992	大陸の花嫁——満州に送られた女たち	陳野守正著	梨の木社	図書 238 頁	A・B
201	1993	〈敗戦死の逃避行〉	中島多鶴著『古老は語る 第 2 集』	泰阜村教育委員会	図書 107 頁～	A・B
202	1993	つむぐ	串原喜代枝著	著者	図書 131 頁	A・B
203	1993	開校記念誌 泰阜南中学校四十六年の歴史	泰阜南中学校編	編者	図書	泰阜南中
204	1993	シベリア抑留記	倉澤勇著	著者	図書 131 頁	B
205	1994	「桜樹」たちは——饒河少年隊第三次生の記録	桜樹会編	桜樹会出版同志会	図書 347 頁	A
206	1994	嫩江（大）訓練所史	嫩訓八洲会編	編者	図書	A
207	1995	さくら花——満蒙開拓青少年義勇軍記録	牧内広己著	著者	図書 216 頁	A・B
208	1995	平和への誓い	豊丘村海外犠牲者遺族会編	編者	図書 256 頁	A・B
209	1995	ぼく、半分日本人——父さんは中国残留孤児	中繁彦著	岩崎書店	図書 149 頁	A・B

No	発行年	図書名・表題	編著者（掲載誌『』）	発行所	形状	所蔵館
210	1995	熊谷五一物語	熊谷五一著	三和出版	図書 393 頁	A
211	1995	戦後 50 年いま、再び「満蒙開拓団」を問うシンポジウム報告集	「満蒙開拓団」調査研究会編	編者	図書 129 頁	B
212	1995	戦後 50 年いま、再び「満蒙開拓団」を問うシンポジウム報告集	「満蒙開拓団」調査研究会編	編者	図書 179 頁	B
213	1995	いま再び「満蒙開拓団」を問う 第 2 回シンポジウム報告論文集	「満蒙開拓団」調査研究会編	編者	図書 146 頁	A・B
214	1996	満蒙開拓団の総合的研究 研究中間報告論文集――母村と現地	「満蒙開拓団」調査研究会編	編者	図書 162 頁	B
215	1996	〈進学先としての桔梗ケ原〉	桜井三十著『満洲「大陸花嫁」はどうつくられたか』	明石書店	図書 43 頁〜	A
216	1996	遥かなる小さな足跡	山上忠治著	著者	図書 77 頁	A
217	1996	〈戦後五十年 歴史に学ぶ〉 上・下	井出孫六著『伊那』	伊那史学会	雑誌 2・3 月	A・B
218	1996	逃亡三部曲――満州開拓団員の壮烈生涯記録 親族への鎮魂の書	篠田欽次著	生涯学習研究会	図書 231 頁	B
219	1996	〈阿智村送出の満蒙開拓青少年義勇軍の人々〉	木下秋彦著「郷土誌巡礼」	阿智史学会編	冊子	B
220	1997	〈満州移民を考える〉	齊藤俊江著『伊那民俗』	伊那民俗研究所	所報 7	A・B
221	1997	上九一色村富士ヶ嶺開拓五十年誌	富士ヶ嶺開拓五十年誌記念事業会編	編者	図書 413 頁	A・B
222	1997	〈終戦間近の満州移民〉	齊藤俊江著『伊那』	伊那史学会	雑誌 2 月号	A・B
223	1997	満州回顧 苦節、満鉄の二十年	宮澤章著	南信州新聞社出版局	図書 279 頁	B
224	1998	〈わが青春の鳳鳴開拓団〉	木下久著『牛久市史研究』	牛久市	雑誌 7 号	茨城県図
225	1999	満洲分村・阿智郷の研究	原安治著	著者	図書 81 頁	A
226	2000	満蒙開拓青少年義勇軍と信濃教育会	長野県歴史教育者協議会編	大月書店	図書 302 頁	A・B
227	2000	「富士山西麓の開拓――西富士長野開拓団の戦後史」	畑尚志著『伊那』	伊那史学会	雑誌 11・12 月	A・B
228	2001	長野県開拓自興会 2000 年記念誌	長野県開拓自興会編	編者	図書 215 頁	A・B

No	発行年	図書名・表題	編著者（掲載誌『 』）	発行所	形状	所蔵館
229	2001	〈西富士開拓の瞥見回顧〉	飯田辰夫著『伊那』	伊那史学会	雑誌4月号	A・B
230	2001	〈大地の子 日本へ 中国残留孤児・35年目の再開劇〉	NHK「プロジェクトX」制作班編『プロジェクトX 挑戦者たち8』	日本放送協会	図書115～207	B
231	2002	逃亡三部曲――第二部	篠田欽次著	生涯学習研究会	図書183頁	B
232	2003	下伊那のなかの満洲――聞き書き報告集 1	満蒙開拓を語りつぐ会編	飯田市歴史研究所	図書160頁	A・B
233	2003	「下伊那地域における満洲移民の送出過程」	齊藤俊江著『飯田市歴史研究所年報』	飯田市歴史研究所	年報1号	A・B
234	2003	友好のかけ橋――40年の歩み	飯田日中友好協会編	編者	図書116頁	A・B
235	2003	中国の人々は「満州開拓団」・「青少年義勇軍をどうみていたか」 訪中報告	長野県歴史教育者協議会編	編者	図書87頁	A・B
236	2004	下伊那のなかの満洲――聞き書き報告集 2	満蒙開拓を語りつぐ会編	飯田市歴史研究所	図書238頁	A・B
237	2004	〈下伊那から満州へ〉	齊藤俊江著『飯田市歴史研究所年報』	飯田市歴史研究所	年報2	A・B
238	2004	沈まぬ夕陽――満蒙開拓の今を生きる中島多鶴	中繁彦著	信濃毎日新聞社	図書347頁	A・B
239	2004	一握りの米	秦洋子著	著者	図書35頁	A
240	2004	渡満はなんだったのか――勤労奉仕隊体験記	米山経子著	南信州新聞社出版局	図書62頁	A・B
241	2005	満蒙開拓と伊那谷――慰霊碑は語る	寺沢秀文代表編	編者	図書86頁	A・B
242	2005	下伊那のなかの満洲――聞き書き報告集 3	満蒙開拓を語りつぐ会編	飯田市歴史研究所	図書253頁	A・B
243	2005	大陸流転――ふたつの戦争	熊谷秋穂著	信濃毎日新聞社	図書199頁	A・B
244	2005	〈桜井伴氏聞き取り〉	東京大学日本史学研究編『清内路下区報告』	編者	図書113頁～	A
245	2005	満州三江省湯原県窪丹崗――長野県農業会報国農場隊員の記録	松下成司著	南信州新聞社出版局	冊子23頁	A
246	2005	〈岩木開拓団の創設〉	青森県史編さん近現代部会編『青森県史資料編近現代4』	青森県	図書484頁～	青森県図
247	2006	下伊那のなかの満洲――聞き書き報告集 4	満蒙開拓を語りつぐ会編	飯田市歴史研究所	図書276頁	A・B

No	発行年	図書名・表題	編著者（掲載誌『 』）	発行所	形状	所蔵館
248	2006	時報・村報にみる「満洲」移民	飯田市歴史研究所編	編者	図書384頁	A・B
249	2006	〈そして開拓団は置き去りにされた〉	沢柳フミ談『ラジオ深夜便2006』	ＮＨＫサービスセンター	雑誌156頁〜	A
250	2006	〈下伊那のなかの満洲を編んで〉平和の尊さを伝える	齊藤俊江著『軍縮問題資料』	軍縮市民の会他	雑誌8月号	A
251	2006	中国残留孤児の叫び――終わらない戦後	蘭信三編	勉誠出版	図書202頁	A
252	2006	〈満洲体験者と市民の出会い　地域で満蒙体験を語りつぐこと〉	本島和人著『日本オーラルヒストリー研究』	日本オーラルヒストリー学会	第2号	A
253	2006	孤児からの手紙――中国残留日本人	大阪中国帰国者センター編	編者	図書370頁	A・B
254	2006	富士山麓に刻んだ六〇年の足あと	西富士長野開拓団60周年記念誌編集委員会編	西富士長野開拓団	図書161頁	A
255	2007	満州移民――飯田下伊那からのメッセージ	飯田市歴史研究所編	現代史料出版	図書269頁	A・B
256	2007	下伊那のなかの満洲――聞き書き報告集　5	満蒙開拓を語りつぐ会編	飯田市歴史研究所	図書273頁	A・B
257	2007	満蒙開拓を語りつぐ意義と可能性――飯田シンポジウム報告集	蘭信三編	京都大学国際交流センター	図書129頁	A・B
258	2007	満洲泰阜分村――七〇年の歴史と記憶	満洲泰阜分村編集委員会編	不二出版	図書1043頁	A・B
259	2007	「「満州」農業移民の社会的基盤と家族」	細谷亨著『飯田市歴史研究所年報』	飯田市歴史研究所	年報5	A・B
260	2007	〈戦後西富士長野開拓団調査報告〉	森武麿・齊藤俊江・向山敦子著『飯田市歴史研究所年報』	飯田市歴史研究所	年報5	A・B
261	2007	ああ満蒙開拓青少年義勇軍	中村秋雄著	新風舎	図書94頁	A・B
262	2007	満洲愛国信濃村の生活――中国残留孤児たちの家族史	趙彦民著	三重大学出版会	図書226頁	A・B
263	2007	〈満州移民と開拓民のくらし〉	森武麿著『みるよむまなぶ　飯田・下伊那の歴史』	飯田市歴史研究所	図書94頁〜	A・B
264	2007	Hermesu 58　村役場文書にみる満州移民　三穂村の事例	一橋大学森武麿ゼミ編	一橋大学ヘルメス編集委員会	図書189頁	A
265	2008	夕映えの地平線　みつゑ20歳満洲花嫁	元島みつゑ著	おさひめ書房	図書133頁	B

No	発行年	図書名・表題	編著者（掲載誌『 』）	発行所	形状	所蔵館
266	2008	Hermesu 59 村役場文書にみる農村更生運動 三穂村の事例	一橋大学森武麿ゼミ編	一橋大学ヘルメス編集委員会	図書 116 頁	A
267	2008	「満洲」経験の社会学――植民地の記憶のかたち	坂部晶子著	世界思想社	図書 261 頁	A・B
268	2008	下伊那のなかの満洲――聞き書き報告集 6	満蒙開拓を語りつぐ会編	飯田市歴史研究所	図書 219 頁	A・B
269	2008	〈戦後岩手上郷分村調査報告〉	森武麿・齊藤俊江・向山敦子編	飯田市歴史研究所	年報 6	A・B
270	2008	〈第三次試験移民団「瑞穂村」と第八次「大八浪分村」開拓団との比較から〉	今井良一著『日本帝国をめぐる人口移動の国際社会学』	不二出版	図書 217 頁～255 頁	A・B
271	2008	満州移民シンポジウム記録集――満洲移民について考える集い	長野県歴史教育者協議会編	編者	図書 72 頁	A・B
272	2008	〈八人の家族を満州で失って〉宮島満子さんの手記	宮島満子著『私たち「何人」ですか?』	高文研	図書 230 頁～	B
273	2008	〈満州開拓団と集団自決 久保田諌〉	中村政則著『昭和の記憶を掘り起こす』	小学館	図書 150 頁～	B
274	2008	生きて還って――満州引き揚げ孤児の一代記	臼田和足著	おさひめ書房	図書 141 頁	A・B
275	2008	〈二つの祖国を生きる〉 中国帰国者二世・大橋春美	大橋春美 聞き手本岡典子	婦人公論	雑誌 9-2	B
276	2009	下伊那のなかの満洲――聞き書き報告集 7	満蒙開拓を語りつぐ会編	飯田市歴史研究所	図書 244 頁	A・B
277	2009	有為転変	鋤柄修著	鋤柄惟夫	図書 1 冊	A・B
278	2009	母ねむる大地	木下敬介著	第二書房	図書 223 頁	B
279	2009	満州残留の追憶 他	木下敬介著	著者	冊子 33 頁	B
280	2009	飯田・移民研究――国策と地域社会	中央大学商学部佐藤ゼミ編	編者	図書 79 頁	A
281	2009	中国残留日本人という経験――「満洲」と日本を問い続けて	蘭信三編	勉成出版	図書 640 頁	A・B
282	2009	〈終戦直後を思い出して〉	久保田諌著『豊丘風土記』20 号	豊丘史学会	図書 196 頁	B
283	2010	中国の人々から見た満州移民	長野県歴史教育者協議会編	編者	図書 64 頁	A・B

No	発行年	図書名・表題	編著者（掲載誌『 』）	発行所	形状	所蔵館
284	2010	〈父を語る〉	胡桃澤健著『飯田市歴史研究所年報』	飯田市歴史研究所	年報 8	A・B
285	2010	〈胡桃澤盛日記の可能性〉	橋部進著『飯田市歴史研究所年報』	飯田市歴史研究所	年報 8	A・B
286	2010	〈西に向かう牛群——満蒙開拓の記憶と画家仲村進〉	槇村洋介著『飯田市歴史研究所年報』	飯田市歴史研究所	年報 8	A・B
287	2010	下伊那のなかの満洲——聞き書き報告集　8	満蒙開拓を語りつぐ会編	飯田市歴史研究所	図書 264 頁	A・B
288	2010	満蒙開拓歴史展　報告資料集	満蒙開拓平和記念館事業準備室編	編者	冊子 43 頁	A
289	2010	中国人就学生と中国帰国子女	山田陽子著	風媒社	図書 218 頁	A
290	2010	「農地改革期の耕作権移動——伊賀良村の事例」	青木健著『歴史と経済』	政治経済学・経済史学会	雑誌 209	A
291	2011	報告集満洲移民と飯田下伊那	本島和人・齊藤俊江・向山敦子著	飯田市歴史研究所	図書 183 頁	A・B
292	2011	下伊那のなかの満洲——聞き書き報告集　9	満蒙開拓を語りつぐ会編	飯田市歴史研究所	図書 367 頁	A・B
293	2011	長野県伊那地方から岩手滝沢村に移住した人びと	高瀬雅弘編	弘前大学教育学部社会学研究室	図書 72 頁	A
294	2011	〈試験移民の対処策としての分村開拓団の破綻大八浪開拓団〉	今井良一著『海を渡った日本人』上	双樹書房	図書 51 頁〜	A
295	2011	〈外地引揚者収容と戦後開拓農民の送出〜伊賀良村の事例〉	青木健著『社会経済史学』	社会経済史学会	雑誌 77-2	A
296	2012	下伊那のなかの満洲——聞き書き報告集　10	満蒙開拓を語りつぐ会編	飯田市歴史研究所	図書 354 頁	A・B
297	2012	「飯田市の満州移民」	齊藤俊江著『飯田市歴史研究所年報』	飯田市歴史研究所	年報 10	A・B
298	2012	〈七人の遺髪——満州移民悲話〉	牧内雪彦著『信州ふるさと講談』	南信州新聞社出版局	図書	B
299	2012	大日本帝国の膨張過程および崩壊後に関する研究	細谷亨著	著者（修士論文）	図書 172 頁	A
300	2012	翻刻 宮下功「満洲紀行」（稿）1・2	宮下功著	飯田市歴史研究所満洲移民ゼミ	図書 62 頁	A・B
301	2012	胡桃澤盛日記　四——昭和十年〜昭和十三年	胡桃澤盛著（翻刻版）	胡桃澤盛日記刊行会	図書 459 頁	A・B

No	発行年	図書名・表題	編著者（掲載誌『 』）	発行所	形状	所蔵館
302	2012	戦後開拓地の女性たち　戦後という時代の変化と地域史・個人史〈分析・資料編〉	高瀬雅弘編	弘前大学教育学部社会学研究室	冊子 110 頁	A
303	2012	戦後開拓地の女性たち　戦後という時代の変化と地域史・個人史〈分析編〉	高瀬雅弘編	弘前大学教育学部社会学研究室	冊子 62 頁	A
304	2012	岩手上郷分村における若者たちの職業訓練の再構築過程	高瀬雅弘編『弘前大学教育学部紀要』	弘前大学教育学部	紀要 107 号	A
305	2012	下伊那のなかの満洲——別冊記録集	満蒙開拓を語りつぐ会編	満蒙開拓を語りつぐ会	図書 195 頁	A・B
306	2013	胡桃澤盛日記　五——昭和十四年〜昭和十八年	胡桃澤盛著（翻刻版）	胡桃澤盛日記刊行会	図書 502 頁	A・B
307	2013	胡桃澤盛日記　六——昭和十九年〜昭和二十一年　村長日誌昭和十六年〜昭和二十年	胡桃澤盛著（翻刻版）	胡桃澤盛日記刊行会	図書 487 頁	A・B
308	2013	戦後開拓——長野県下伊那郡増野原	森武麿編	神奈川大学大学院	図書 227 頁	A・B
309	2013	望郷の鐘——中国残留孤児の父山本慈昭	和田登著	しなのき書房	図書 171 頁	A・B
310	2013	証言　それぞれの記憶	満蒙開拓平和記念館編	編者	冊子 83 頁	A・B
311	2013	「満州移民の戦後史——長野県飯田下伊那を事例に」	島崎友美著『信濃』	信濃史学会	雑誌 65-3	A・B
312	2013	「語り継ぐ満蒙開拓の史実——満蒙開拓平和記念館の建設実現まで」	寺沢秀文著『信濃』	信濃史学会	雑誌 65-3	A・B
313	2013	「満州移民引揚げ後の経済と生活」	湯本麻矢・大栗行昭著『飯田市歴史研究所年報』	飯田市歴史研究所	年報 12	A・B
314	2013	友好のかけ橋——50 年の歩み	飯田日中友好協会編	編者	図書 195 頁	A・B
315	2013	〈農業移民として「満洲国」へ〉	齊藤俊江著『飯田・上飯田の歴史』下	飯田市歴史研究所	図書 222 頁〜 227 頁	A・B
316	2013	山を拓きここに暮らしを創る——愛知県段戸山麓戦後開拓集落駒ケ原・沖の平の聞き書き	山里文化研究所編	沖駒区開拓聞き書き実行委員会	図書 247 頁	B
317	2013	家族からみた義勇軍——第 3 回満蒙開拓青少年義勇軍シンポジウム記録集	義勇軍シンポジウム実行委員会編	編者	図書	A・B

No	発行年	図書名・表題	編著者（掲載誌『 』）	発行所	形状	所蔵館
318	2013	「共有林経営の展開と戦後緊急開拓計画——山本村の事例」	青木健著『日本史研究』	日本史研究学会	雑誌 609	A
319	2013	〈清内路村報——村報と満洲移民の時代〉	本島和人著『飯田市歴史研究所年報』	飯田市歴史研究所	年報 12	A・B
320	2014	下伊那から満州を考える 1——聞き書きと調査研究	満州移民を考える会編	編者	図書 173 頁	A・B
321	2014	「分村の戦後史——下伊那地域を中心に」	安岡健一著『信濃』	信濃史学会	雑誌 66 頁～	A・B
322	2014	オーラルヒストリー「拓魂」——満州・シベリア・岩手	黒沢勉著	風詠社	図書 288 頁	A・B
323	2014	〈歴史資料としての語り——満洲体験者から学ぶ〉	齊藤俊江著『飯田市歴史研究所年報』	飯田市歴史研究所	年報 13	A・B
324	2014	戦後開拓地のライフヒストリー　1～3	高瀬雅弘編『弘前大学教育学部紀要』	弘前大学教育学部	図書	A
325	2015	下伊那から満州を考える 2——聞き書きと調査研究	満州移民を考える会編	編者	図書 259 頁	A・B
326	2015	還らざる夏——二つの村の戦争と戦後　信州阿智村・平塚	原安治著	幻戯書房	図書 298 頁	A・B
327	2015	〈下伊那郡経済更生座談会記録を読む〉	青木隆幸著『伊那』	伊那史学会	雑誌 63-3	A・B
328	2015	「満州信濃村建設と長野県　上」	本島和人著『信濃』	信濃史学会	雑誌 67-11	A・B
329	2015	〈弥栄村　満州第一次開拓団の記憶〉	長沼滉著『伊那』	伊那史学会	雑誌 63-8	A・B
330	2015	〈下伊那郡町村長会の満州視察——今村正業「満鮮視察日記」上〉	本島和人著『伊那』	伊那史学会	雑誌 63-12	A・B
331	2015	満洲暴走——隠された構造　大豆・満鉄・総力戦	安冨 歩著	角川書店	図書 255 頁	B
332	2015	〈戦前の長期不況と満州移民計画〉	田中光著『清内路歴史と文化』	清内路歴史と文化研究所	所報 2014年版 A	A・B
333	2015	満蒙開拓平和記念館（図録）	三沢亜紀編	満蒙開拓平和記念館	図書 60 頁	A
334	2015	「満蒙開拓平和記念館開館から三年半を経て」	寺沢秀文著『信濃』	信濃史学会	雑誌 68-11	A・B

No	発行年	図書名・表題	編著者（掲載誌『 』）	発行所	形状	所蔵館
335	2015	人びとはなぜ満州へ渡ったのか――長野県の社会運動と移民	小林信介著	世界思想社	図書 209 頁	A・B
336	2015	伊那の谷びと（歌集）	小林勝人著	著者	図書 201 頁	A・B
337	2015	胡桃澤盛日記の周辺	胡桃澤盛日記刊行会編著	編者	図書 295 頁	A・B
338	2015	翻刻 宮下功「満洲紀行」（稿） 3	宮下功著	飯田市歴史研究所満洲研究ゼミ	図書 133 頁	A・B
339	2015	〈ただ一人、私だけ死にきれなかった〉	久保田謙談『NHKラジオ深夜便 183』	NHKサービスセンター	雑誌 33 号	A
340	2016	下伊那から満州を考える 3 ――聞き書きと調査研究	満州移民を考える会編	編者	図書 211 頁	A・B
341	2016	「松島自由移民送出と下伊那郡町村長会」	本島和人著『飯田市歴史研究所年報』	飯田市歴史研究所	年報 15 号	A・B
342	2016	「満州信濃村建設と長野県 下」	本島和人著『信濃』	信濃史学会	雑誌 68-3	A・B
343	2016	「伊賀良村の満洲移民」	齊藤俊江著『飯田市歴史研究所年報』	飯田市歴史研究所	年報 15 号	A・B
344	2016	佐々木忠綱村長の決断	田中洋一著	（朝日新聞長野版）	綴	A
345	2016	満蒙開拓青少年義勇軍の旅路――光と闇の満洲	旅の文化研究所編（湯沢政一）	森話社	図書 285 頁	B
346	2016	〈下伊那郡町村長会の満州視察――下伊那から満州を考える 3 今村正業「満鮮視察日記」中〉	本島和人著『伊那』	伊那史学会	雑誌 64-1	A・B
347	2016	〈下伊那郡町村長会の満州視察――今村正業「満鮮視察日記」下〉	本島和人著『伊那』	伊那史学会	雑誌 64-2	A・B
348	2016	「満蒙開拓青少年義勇軍の創設と関東軍の関わり」	原英章著『飯田市歴史研究所年報』	飯田市歴史研究所	年報 15 号	A・B
349	2016	〈満洲の中の喬木村〉	青木隆幸著『伊那』	伊那史学会	雑誌 64-11	A・B
350	2016	幸――幸運幸福に恵まれた平凡な人生	相沢莉依著	著者	図書 239 頁	B
351	2017	豊丘村から 満蒙開拓 第二次世界大戦を考える	豊丘風土記 24 輯編集委員会編	編者	図書 261 頁	A・B
352	2017	宮下功「満洲紀行」――昭和 18 年夏教学奉仕隊の記録	宮下功著 満州移民研究ゼミナール編	飯田市歴史研究所	図書 502 頁	A・B

No	発行年	図書名・表題	編著者（掲載誌『　』）	発行所	形状	所蔵館
353	2017	「満州開拓青少年義勇隊教学奉仕隊と教師たち　上」	本島和人著『信濃』	信濃史学会	雑誌 67-11	A・B
354	2017	中国残留日本人孤児が記憶したうたを通して満州開拓移民を考える	齋藤宏子（放送大学卒業研究）著	著者	図書 82 頁	A
355	2017	大八浪開拓団写真集──満蒙開拓団泰阜分村	大八浪会編	編者	図書 87 頁	A・B
356	2017	〈岩手上郷分村物語〉	上郷公民館『久遠の文化うち立てん』	上郷公民館	図書	A・B
357	2017	〈清水直夫〉	千代歴史を語る会編『千代人物伝』	編者	図書	A・B
358	2018	満洲農業開拓民──「東亜農業のショウウインドウ」建設の結末	今井良一著	三人社	図書 238 頁	B
359	2018	〈満州分村を拒否した佐々木（元）村長の話〉	村松明著『伊那』	伊那史学会	雑誌 66-3	A・B
360	2018	「満蒙開拓団と食糧問題・異民族支配」	細谷亨著『歴史と経済』	政治経済学・経済史学会	雑誌 239 号	国会図
361	2018	「満州開拓青少年義勇隊教学奉仕隊と教師たち　下」	本島和人著『信濃』	信濃史学会	雑誌 68-3	A・B
362	2018	満洲分村移民を拒否した村長──佐々木忠綱の生き方と信念	大日方悦夫著	信濃毎日新聞社	図書 215 頁	A・B
363	2018	〈三等郵便局史料からみた地域社会〉	小島庸平著『山里清内路の社会構造』	山川出版社	図書 276 頁～	A・B
364	2018	「村誌に書かれなかった招聘村長」	本島和人著『山里清内路の社会構造』	山川出版社	図書 324 頁～	A・B
365	2018	「農山漁村経済更生特別助成事業と「満洲」移民──長野県下伊那郡清内路村」	小島庸平著『社会経済史学』	社会経済史学会	雑誌 84-3	国会図
366	2018	下伊那から満州を考える 4──聞き書きと調査研究	満州移民を考える会編	編者	図書 191 頁	A・B
367	2019	日本帝国の膨張・崩壊と満蒙開拓団	細谷亨著	有志舎	図書 320 頁	A・B
368	2019	〈戦後福島県葛尾村松島共栄開拓〉	森武麿・齊藤俊江・向山敦子著	飯田市歴史研究所	年報 16 号	A・B
369	2019	「増野原開拓七十年──満州から未開の増野原に挑む 1・2・3」	芦部公一著『伊那』	伊那史学会	雑誌 67 巻 3～5	A・B

No	発行年	図書名・表題	編著者（掲載誌『 』）	発行所	形状	所蔵館
370	2019	「戦後開拓と満洲移民」	森武麿著『歴史と民俗』	日本常民文化研究所	機関誌 35 号	A・B
371	2019	全国一の義勇軍を送り出した飯田下伊那——学校はどのようにかかわったか	義勇軍シンポジウム実行委員会編	編者	図書 99 頁	A・B
372	2019	飯田下伊那の少年たちの満州日記	松島挌次・江塚栄司著	飯田市歴史研究所	図書 117 頁	A・B
373	2019	不条理を生き貫いて 34 人の中国残留婦人たち	藤沼敏子著	津成書院	図書 552 頁	B
374	2019	〈満洲へ青少年を送り出した信州の教育者たち〉	本島和人著『生活現場の活動者たち』	木犀社	図書 293 頁〜	A・B
375	2019	「拓務省委員中原謹司の満洲視察——下伊那の満洲移民研究への試論」	本島和人著『信濃』	信濃史学会	雑誌 71-11	A・B

2. 『市町村史（誌）』に記載された満洲移民

解　説

　昭和の大合併といわれた 1955 年頃から、飯田下伊那では各地で旧村の歴史を残そうと、村史（誌）編纂委員会が立ち上がり、主に公民館が事務局になって編纂が始まった。

　現在の飯田市域では、最初に『山本村誌』が 1957 年に発刊されてから、各旧村単位での編纂が進められ、最後に『上村史』が 2008 年に刊行された。旧飯田市については、飯田市歴史研究所から 2013 年に『飯田・上飯田の歴史』上・下巻が発行された。飯田市の合併は数回に渡ったため鼎・松尾など 2 回にわたり旧村史・町史を発刊したところもある。

　下伊那郡内では合併後の町・村単位で町・村誌を発行している。しかし『清内路村誌』（上・下巻、1982 年）や『浪合村誌』（上・下巻、1984 年）のように、合併する前に村誌（史）を刊行しているところもある。小さな村でも『泰阜村誌』（1984 年）、『平谷村誌』（1996 年）、『売木村誌』（2006 年）、『根羽村誌』（1993 年）、『大鹿村誌』（1984 年）、『下条村誌』（1977 年）など上・下巻で発行し、合併を行わなくても村の歴史を後世に残そうとする息吹きを感じる。

　満洲移民関係の取り扱いについては、村によって大きく異なる。役場文書に満洲開拓関係の資料が綴りで残されているにもかかわらず、1,000 頁余りの村史に 1 行の記述もない『伊賀良村史』（1973 年）や『下久堅村誌』（1973 年）もあり、戦時中の村のありようも記されていない。

　満洲開拓の記述も様々で、国策に従っただけというもの、犠牲者の名前を羅列しただけの村史（誌）もある。しかし『清内路村誌』、『泰阜村誌』のように分村計画から始まり 20 〜 50 頁余りを割いて叙述するものもある。比較的遅く刊行された『龍江村史』（1997 年）では、わずかに 1 頁である。

　満洲帰国者が、戦後郡内や県外へ再開拓に向かった場合は『上郷村史』（1978 年）には詳しい叙述があるが、何も記述されていない村史（誌）が多い。

『市町村史（誌)』に掲載された満洲移民

No	村史（誌）名	発行年	編集者	掲載頁
1	龍江村史	1952年	村沢武夫著	記述なし
2	大島村誌	1956年	大島村誌編纂委員会	396～398頁
3	山本村誌	1957年	山本村誌編纂委員会	記述なし
4	大下條村誌	1961年	熊谷四郎／村誌編纂委員会	158～165頁
5	千代村誌	1965年	千代村誌編纂委員会	506～513頁
6	竜丘村誌	1968年	竜丘村誌編纂委員会	786～788頁
7	鼎町誌	1969年	鼎町誌編纂委員会	305～309頁
8	伊賀良村史	1973年	伊賀良村史編纂委員会	記述なし
9	下久堅村誌	1973年	下久堅村誌編纂委員会	記述なし
10	豊丘村誌　上・下巻	1975年	豊丘村誌編纂委員会	下巻1574～1580頁
11	高森町誌　上・下巻	1975年	高森町誌編纂委員会	下巻710～719頁
12	下条村誌　上・下巻	1977年	下条村誌編纂委員会	下巻1087～1091頁
13	上郷史	1978年	上郷史編集委員会	1260～1281頁
14	喬木村誌　上・下巻	1979年	喬木村誌編纂委員会	下巻646～650頁
15	生田村誌	1981年	生田村誌編纂委員会	751～765頁
16	清内路村誌　上・下巻	1982年	清内路村誌編纂委員会	下巻124～146頁
17	松尾村誌	1982年	松尾村誌編纂委員会	296～298頁
18	南信濃村遠山	1983年	南信濃村誌編纂委員会	289～293頁
19	浪合村誌　上・下巻	1984年	浪合村誌編纂委員会	下巻1102～1115頁
20	大鹿村誌　上・下巻	1984年	大鹿村誌編纂委員会	下巻593～597頁
21	阿智村誌　上・下巻	1984年	阿智村誌編纂委員会	下巻498～502頁、570～585頁
22	泰阜村誌　上・下巻	1984年	泰阜村誌編纂委員会	下巻661～718頁
23	阿南町誌　上・下巻	1987年	阿南町誌編纂委員会	下巻612～650頁
24	三穂村史	1988年	三穂村史編纂委員会	390～398頁
25	川路村誌	1988年	川路村誌編纂委員会	410～428頁
26	上久堅村誌	1992年	上久堅村誌編纂委員会	646～656頁

No	村史（誌）名	発行年	編集者	掲載頁
27	根羽村誌　上・下巻	1993年	根羽村誌編纂委員会	下巻265～291頁
28	座光寺村誌	1993年	座光寺村誌編纂委員会	622～624頁
29	平谷村誌　上・下巻	1996年	平谷村誌編纂委員会	下巻109～118頁
30	龍江村誌	1997年	村誌編纂委員会	351頁
31	天龍村史	2000年	天龍村史編纂委員会	79～85頁
32	売木村誌　上・下巻	2006年	売木村誌編纂委員会	下巻216～238頁
33	上村史	2008年	上村史編纂委員会	記述なし
34	飯田・上飯田の歴史　上・下巻	2013年	飯田市歴史研究所	下巻222～227頁

3. 『区史』などにみる満洲移民

解　説

　現在の飯田市域のうち、旧村単位で村史（誌）の刊行が行われたあと、区史（部落史）を発行する地域が出てきた。村史には書かれなかった隣近所の歴史を残しておこうとする住民の意志によるものであろう。編者、執筆者はその地区に住む元教員が当たることが多かった。また、鼎のように1つの区がまとめると、他の区にも波及して、次々と編纂される場合がある。しかし区の資料も少なく、執筆者も限られ、出版費用も高額になるなど、過疎地となりつつある地区での発行はむずかしくなっている。一方、鼎のように人口集中地域で区内の変貌が著しいことを記録にとどめようとする動きもある。

　区史や地区公民館などで刊行された本の中には、満洲移民のことを記述したものがある。次にあげた区史などは満洲開拓・満洲移民について記述している。

1. 『虎岩史』1971年刊　飯田市下久堅虎岩
   区会議事録に昭和12年から昭和18年までの満洲移民奨励・満洲移民見送り視察報告会などを討議した記録。

2. 『切石史』1980年刊　下伊那郡鼎村切石
   昭和13年4月3日松島自由移民に代田勝、同10月17日先遣隊熊谷武志として、同16年3月16日村沢、木下六郎、筒井運造青少年義勇軍として出発など渡満者の記述。

3. 『一色史』1992年刊　飯田市鼎一色（1984年飯田市に合併）　257頁〜258頁
   満洲移民・満蒙開拓青少年義勇軍について。

4. 『下山区史』1998年刊　飯田市鼎下山（1984年飯田市に合併）

満洲移民と義勇軍について。

5. 『名古熊区誌』　2000 年刊　飯田市鼎名古熊　498 頁
　　青少年義勇軍による「松花江の流れに」記録

6. 『中平区誌』　2019 年刊　飯田市鼎中平　195 頁〜198 頁
　　満州へ満州へ「昭和初期の農村と国策・鼎時報（満洲移民後援会・行けこの
　　理想郷へ満洲開拓の先鋒）・理想郷が地獄に・青少年義勇軍中平から 13 名」
　　記録。

7. 『伊賀良小学校百年史』　1981 年刊　339 頁〜342 頁
　　「動員される生徒たち」県から学校長への文書。

8. 『千代の人物誌』2017 年刊　飯田市千代　千代公民館
　　清水直夫千代開拓団長の功績。

9. 『久遠の文化うち立てん』2017 年刊　飯田市上郷　上郷公民館
　　公民館で "ふるさと学習教材" に、岩手上郷分村について叙述し、次世代に
　　伝えようとする本。

4. 聞き書き報告集にみる満洲移民

解　説

　飯田下伊那で満洲移民（義勇隊・報国農場など含む）からの聞き取りが始まったのは2002年3月である。きっかけは京都大学でオーラルヒストリーの研究をしておられた蘭信三助教授と、飯田日中友好協会会長の長沼計司氏、飯田下伊那で満洲開拓を調べていた齊藤俊江との出会いであった。3人は、地域の有志の手で満洲移民の聞き取りを始めようと計画を立て、「満蒙開拓を語りつぐ会」を組織した。

　最初に「満蒙開拓を語り継ごう～聞き手養成セミナーへの提案」を蘭信三氏から地元の新聞に掲載してもらうことから始めた。この呼びかけ記事は他の新聞でも掲載された。そして最初に21名が集まった。そのうち7名の方は満洲からの帰国者であった。自分の体験をぜひ残したいという強い意志があったからだろう。

　2002年4月の発会式のあと、蘭氏ほかの指導で2ヵ月の間に8回のセミナーを開き、満洲移民について学び、その後7月から2人1組での聞き取りが始まった。その間テープ起こしや、編集などの学習会を毎月1回行った。

　長年沈黙をしてきた人たちから聞き取りをすることは、語り手の年齢を考えても急務であった。すでに一家の当主は亡くなっていて、渡満の動機、満洲での暮らし、逃避行の様子、村へ帰ってきてからの生活を聞き取ることはむずかしかった。しかし開拓花嫁として渡満した生活、青年のとき、または子どものときの生活の記憶は聞くことができた。義勇隊の生活についても多くの方が話された。20年早く取り組んでいたら、もっといろいろな話を聞き取ることができたはずである。それでも感動的なお話が続々と出てきた。

　そして2003年3月には『下伊那のなかの満洲』1が発刊された。この書籍には6人の語りを収録した。印刷費は飯田市史編さん準備室で賄い、発行部数は1,500冊で、1冊500円で販売した。この出版により地域の満洲帰国者に対する見方が変わっていった。そして、帰国者から自分の話も聞いてほしいという連絡が入るようになった。これ以後毎年1冊ずつ刊行し、印刷費は飯田市歴史研究所（市史編さん室から移

行）が負担してくれた。10 集までの収録者は計 84 人で、発行部数は延べ 14,450 冊である。この間語りつぐ会の会員は 31 名になっていた。この活動に対し「信毎賞」（第 19 回、平成 24 年度）をいただいた。

　発足後 10 年を経過し、聞き取りばかりではなく、研究に力点をおく会員も増え、会員による調査研究も収録する本を作ろうということになった。「満蒙開拓を語りつぐ会」のそれまでの理念と財産を引き継ぎ、2013 年 4 月から「満州移民を考える会」として活動を始めた。2014 年 6 月『聞き書きと調査研究　下伊那から満州を考える』1 を発行した。2018 年で 4 集までを刊行、延べ 22 人の聞き書きを収録した。印刷費は会の費用で賄うようになり現在も進行中である（連絡先　伊那市伊那高尾 2400 - 3 本島和人）。

　聞き書き目録には聞き書きのみを掲載、調査研究報告は割愛させていただいた。

(1)『下伊那のなかの満洲　聞き書き報告集』（1～10集）収録内容

開拓団／義勇隊／（所属）	語り手	表　題	出身地（現在）	聞き手	発行年
大八浪泰阜村開拓団	中島 茂	中国人になって暮らした開拓少年	泰阜村	小林 勝人 小木曽 弘司	第1集 2003年 3月
大八浪泰阜村開拓団	熊谷 みと	はるかなる祖国　中国残留五十年の半生	平岡村（天龍村）	佐々木 雅子	
伊拉哈義勇隊訓練所	串原 喜代枝	義勇軍の少年達とともに	市田村（高森町）	向山 敦子	
鉄驪義勇隊（鉄驪訓練所）／三江義勇隊	深谷 藤雄	十四歳で参加した青少年義勇軍	松尾村（飯田市）	寺田 一雄 清水 迪夫	
鉄驪義勇隊（鉄驪訓練所）	関口 正巳	義勇軍で病気になった在満体験	下久堅村（飯田市）	伊坪 俊雄 齊藤 俊江	
新立屯上久堅村開拓団	上松 久子	国共内戦に従軍した私の青春	上久堅村（飯田市）	福島 洋子 酒井 啓子	第2集 2004年 3月
水曲柳開拓団	沢柳 フミ	決断　開拓地を出よう	伊賀良村（飯田市）	吉川 允子	
大八浪泰阜村開拓団	中山 房治	中国の養父母に育てられて	泰阜村	清水 迪夫 佐々木 雅子	
石碑嶺河野村開拓団／ハルピン開拓指導員訓練所	筒井 茂實	ハルピン開拓指導所で蔬菜作りを研究して	河野村（豊丘村）	齊藤 俊江 向山 敦子	
水曲柳開拓団	木下 茂利	満洲に新天地を求めて	神稲村（豊丘村）	筒井 芳夫 高島 孝子	
大古洞下伊那郷開拓団	澤 宜二郎	八路軍を見た開拓少年	大鹿村	本島 和人	
石碑嶺河野村開拓団	久保田 謙	集団自決をひとり生き残って	河野村（豊丘村）	筒井 芳夫 中 繁彦	第3集 2005年 2月
江密峰松島開拓組合	飯嶋 隼人	二度の開拓に挑んだ父子	下條村	伊坪 俊雄 高山 智子	
三江義勇隊／朝水特別訓練所	中村 秋雄	「朝水」行きが生き方を決めて	上郷村（飯田市）	齊藤 俊江 橋部 進	
長野県農業会窪丹崗報国農場	北原 知子	勤労奉仕隊として渡った満洲	市田村（高森町）	福島 洋子	
長崗義勇隊開拓団	森本 勝治	八路軍に留用されて	松尾村（飯田市）	熊谷 真理子 林 知先	
大古洞下伊那郷開拓団	橋場 定美	土地を求めて	生田村（松川町）	今村 久	

開拓団／義勇隊／（所属）	語り手	表題	出身地（現在）	聞き手	発行年
大古洞下伊那郷在満国民学校	古川 隼人	在満国民学校の教師として	三穂村（飯田市）	新井 康史 高島 孝子	第4集 2006年 3月
老石房川路村開拓団	関島 要三	開拓の夢を三たび追って	川路村（飯田市）	小林 勝人 小木曽 弘司	
大八浪泰阜村開拓団	宮澤 一三	在満二十二年　日本語を忘れず	泰阜村	筒井 芳夫 串原 喜代枝	
大八浪泰阜村開拓団	池田 純	母とともに張さんに助けられて	大下條村（阿南町）	向山 敦子	
新立屯上久堅村開拓団	小木曽 弘司	開拓団からシベリアへ	上久堅村（飯田市）	橋部 進 塚原 千枝子	
新立屯上久堅村開拓団	丹羽 良江	妹の帰国を思いつづけて	鼎村（飯田市）	向山 敦子 佐々木 雅子	
満洲国立佳木斯医科大学	池田 精孝	医学生が体験した満洲	市田村（高森町）	齊藤 俊江	
大古洞下伊那郷在満国民学校	茅野 道寛	旅順師範から開拓団教師に	富県村（伊那市）	本島 和人	
	茅野 玲子		智里村（阿智村）		
第一次弥栄村開拓団	長沼 とめ子	第一次武装移民の開拓花嫁として	河野村（豊丘村）	本島 和人 齊藤 俊江	第5集 2007年 3月
新立屯上久堅村開拓団	池戸 勉	ひとりで挑んだ満洲開拓	生田村（松川町）	小林 勝人 向山 敦子	
新立屯上久堅村開拓団	下山 幸子	団長の娘として渡った私	上久堅村（飯田市）	小池 久仁子 関口 正巳 関口 朝子	
窪丹崗千代村開拓団	長沼 康人	商才と運に恵まれて	千代村（飯田市）	清水 迪夫 熊谷 真理子	
長野県農業会窪丹崗報国農場	松下 成司	「秋には帰る」と渡満した昭和二十年三月	飯田市	伊坪 俊雄 齊藤 俊江	
大古洞下伊那郷開拓団	筒井 美治	留用、新中国建設に参加	上郷村（飯田市）	橋部 進 熊谷 真理子	
南五道崗長野村開拓団	唐澤 寿美	残留　中国婦人に救われて	河野村（豊丘村）	筒井 芳夫 福島 洋子	
大八浪泰阜村開拓団	岩本 くにを	妹との別れと再会と	泰阜村	福島 洋子 堀尾 早苗	
饒河少年隊大和村北進寮／晨明義勇隊開拓団	野口 康市	開拓の気概に燃えて満洲へ	上郷村（飯田市）	伊坪 俊雄 木下 容子	第6集 2008年 9月
新京特別市清明村開拓団	南井 忠夫	日本人街の食糧供給地として	飯田市	小澤 利実 齊藤 俊江	

開拓団／義勇隊／（所属）	語り手	表　題	出身地（現在）	聞き手	発行年
水曲柳開拓団	福澤 福義	満洲からシベリア、そして根羽池の平に	喬木村	高山 智子 清水 迪夫	第6集 2008年 9月
新立屯上久堅村開拓団	熊谷 勲	満洲、岩手、茨城の開拓人生	上郷村（飯田市）	向山 敦子 齊藤 俊江 森 武麿	
新立屯上久堅村開拓団	岩間 いちみ	一家の中心になって開拓を	上久堅村（飯田市）	向山 敦子 齊藤 俊江	
濃々河飯田郷開拓団	牧内 春重	農夫に助けられて中国に四十年	川路村（飯田市）	向山 敦子 高島 孝子	
（佳木斯 陸軍山崎大隊第二中隊第一小隊長）	早乙女 俊夫	大八浪泰阜村開拓団の逃避行に同行した兵士の記憶	栃木県瑞穂野村	小林 勝人	
老石房川路村開拓団	山崎 政男	満洲での教育に生きがいを求めて	千代村（飯田市）	伊坪 俊雄 向山 敦子	第7集 2009年 8月
水曲柳開拓団	高野 ミツ	集団からはぐれて自決をまぬがれ	上郷村（飯田市）	筒井 芳夫 串原 喜代枝	
西海浪竜川義勇隊開拓団／寧安訓練所	木下 良明	不本意だった「衛生兵」が幸いし早い帰国	大鹿村	清水 迪夫 高島 孝子	
西海浪竜川義勇隊開拓団	桜井 信幸	幹部が去った義勇隊	清内路村（阿智村）	齊藤 俊江 笹隈 哲夫	
大古洞下伊那郷開拓団	山田 庫男	少年期も青春もなく働き通した三十五年	会地村（阿智村）	今村 久 林 英寿	
東横林南信濃郷開拓団	川上 浩美	昭和二十年五月に渡満した一家	平谷村	笹隈 哲夫 伊坪 俊雄	
中和鎮信濃村開拓団	松原喜美江	十六歳で中国人家庭に嫁して	鼎村（飯田市）	熊谷 真理子 宮下 明子	
水曲柳開拓団	小林 房子 金 生玉	地主の息子と結婚した残留孤児	下久堅村（飯田市）	小林 勝人 福島 洋子	
（泰阜村栃城在住）	木下 藤恒	泰阜村・栃城の記憶——満洲泰阜分村送出をめぐって	泰阜村	大越 葉子 大越 慶 橋部 進	
水曲柳開拓団	寺沢 テツコ	満洲から増野原の再開拓へ	神稲村（豊丘村）	高島 孝子 齊藤 俊江	第8集 2010年 8月
水曲柳開拓団	塩沢 勝人	一家十一人が渡満、全員生還	上久堅村（飯田市）	佐々木 雅子 本島 和人	
水曲柳開拓団	熊谷 初穂	水曲柳青年塾生として	智里村（阿智村）	高島 孝子 笹隈 哲夫	
水曲柳開拓団	山崎 好信	遠山谷から満洲へ	上村（飯田市）	伊坪 俊雄 植松 敏明	

開拓団／義勇隊／（所属）	語り手	表　題	出身地（現在）	聞き手	発行年
大古洞下伊那郷開拓団	北條 キミ子	ミツバチと暮らした満洲	山吹村（高森町）	熊谷 真理子 柘植 清司	第8集 2010年 8月
大古洞下伊那郷開拓団	前沢 節子	十一歳がみた開拓団の終末	上郷村（飯田市）	宮下 明子 向山 敦子	
大古洞下伊那郷開拓団	松島 照子	中国の農村に生き続けた戦後五十年	上郷村（飯田市）	小林 勝人 小木曽 弘司	
窪丹崗千代村開拓団	岡島 よ志ゑ	家族五人の亡骸を満洲に	千代村（飯田市）	関口 朝子 齊藤 俊江	
北哈嗎阿智郷開拓団	山本 啓江	日本人と知らずに生き	会地村（阿智村）	小林 勝人 通訳：野中 章	
大古洞下伊那郷開拓団／満洲国赤十字病院	須甲 ハナ	移動救護班としての引揚げ	大島村（松川町）	福島 洋子	
拓務省嘱託	熊谷 元一	写真集『会地村』から拓務省嘱託に	会地村（阿智村）	齊藤 俊江 本島 和人	第9集 2011年 7月
東横林南信濃郷開拓団／在満国民学校	稲垣 秀子	生徒との約束をつらぬいて	飯田市	小林 勝人 高島 孝子	
大八浪泰阜村開拓団／青年義勇隊ハルビン中央医院	中島 多鶴	中国残留者の帰国支援に生涯をかけて	泰阜村	筒井 芳夫 齊藤 俊江	
大八浪泰阜村開拓団	中島 やすゑ 中島 利	姉と弟の記憶に残る満洲	泰阜村	中山 房治 福島 洋子	
大八浪泰阜村開拓団	中島 千鶴	十三歳の敗戦	泰阜村	大越 葉子 大越 慶	
内原訓練所准幹部生	桜井 好春	加藤完治所長の薫陶を受けて	鼎村（飯田市）	齊藤 俊江 向山 敦子 中山 淳	
三江義勇隊訓練所	湯澤 政一	ハルビンの紙問屋に雇われて	座光寺村（飯田市）	橋部 進 齊藤 俊江	
北哈嗎阿智郷開拓団	塩沢 兼代	入植三ヵ月で敗戦	会地村（阿智村）	向山 敦子 熊谷 源二	
水曲柳開拓団	竹内 和市	自決組と別れて脱出組へ	上郷村（飯田市）	伊坪 俊雄 吉川 允子	
新立屯上久堅村開拓団	小石峯 幸男	一時帰国で知ったふるさと	神稲村（豊丘村）	筒井 芳夫 高山 智子 笹隈 哲夫	
新立屯上久堅村開拓団	多田 清司	子どもたちのために帰国を決意	喬木村	植松 敏明 熊谷 真理子	

開拓団／義勇隊／（所属）	語り手	表　題	出身地（現在）	聞き手	発行年
南五道崗長野村開拓団／残留孤児国家賠償請求兵庫訴訟原告団	宮島 満子	私を日本人と認めてください	南向村（中川村）	笹隈 哲夫	
大古洞下伊那郷開拓団	田中 伸男	中国で三十三年、日本で三十三年の生涯	三江省通河県大古洞	小林 勝人 三沢 亜紀	
大八浪泰阜村開拓団	池田 肇	苦難の中を夜学に学ぶ	泰阜村	今村 久 林 英寿	
新立屯上久堅村開拓団	勝野 憲治	十二歳の胸に刻んだ覚悟	飯田市	大越 慶 大越 葉子	
江密峰松島開拓組合	塩沢 ちあき 塩沢 信子	母と娘が語る松島自由移民	山本村（飯田市） 下條村	向山 敦子 鈴木 明子	
水曲柳開拓団	桜井 こう	いとこに同情して結婚し、渡満	上郷村（飯田市）	木下 容子 清水 迪夫	第10集 2012年 7月
双河鎮松島開拓組合	塩沢 増恵	娘時代を「満洲」で過ごして	松尾村（飯田市）	伊坪 俊雄 高島 孝子	
水曲柳開拓団／増野原開拓組合	仲田 保	「襲撃」と自決を乗り越えて	喬木村	森 武麿 齊藤 俊江 向山 敦子	
満洲国立農事試験場／老石房川路村開拓団	今村 秀平	副団長の父と息子	川路村（飯田市）	齊藤 俊江 本島 和人 向山 敦子	
一面坡訓練所／鳳鳴義勇隊開拓団／茨城県稲敷郡朝日村向原開拓組合	木下 久	三百名が召集され十数名になった団	松尾村（飯田市）	齊藤 俊江 植松 敏明	
大古洞下伊那郷開拓団	筒井 康行	家族を守った父の決断	上郷村（飯田市）	本島 和人 熊谷 真理子	

(2)『聞き書きと調査研究　下伊那から満州を考える』（1〜4集）収録内容

開拓団／義勇隊／（所属）	語り手	表 題	出身地（現在）	聞き手	発行年
伊賀良国民学校	後澤 為雄	高等科二年男子担任として	伊賀良村（飯田市）	齊藤 俊江 宮下 のぞみ	第1集 2014年 7月1日
第一次長崗義勇隊開拓団	村上 直衛	九十年の足跡	美和村（伊那市）	島崎 友美 野口 次郎 向山 敦子	
長野県女子大陸訓練隊	矢澤 悦子	開拓女塾へ行った三ヵ月	伍和村（阿智村）	小林 勝人 向山 敦子	
信州綜合義勇隊原中隊	鵜飼 清	あこがれの満州へ行ったが	飯田市殿町	伊坪 俊雄 松葉 孝子	
水曲柳開拓団	中島 千恵子	一家を支えた母とともに	上郷村（飯田市）	向山 敦子 前澤 真美	第2集 2015年 7月1日
水曲柳開拓団	北島 里	開拓に生きた父と私	神稲村（豊丘村）	植松 敏明 宮下 のぞみ	
新立屯上久堅開拓団	宮内 三千雄	ミツバチの巣箱を持って	富草村（阿南町）	齊藤 俊江 山下 久枝	
新立屯上久堅開拓団	唐澤 徳	野田平　子どもたちだけの帰郷	神稲村（豊丘村）	久保 田諫 筒井 芳夫 松葉 孝子	
長野県報国農場	加藤 利幸	わしも満州へいってきた	三穂村（飯田市）	島崎 友美 伊坪 俊雄	
義勇隊伊拉哈訓練所	佐々木 和利	郷土訪問から伊拉哈訓練所へ	飯田市	本島 和人 齊藤 俊江	
水曲柳開拓団	原 千代	なぜ父は満州へ	座光寺村（飯田市）	向山 敦子 福島 達也 筒井 芳夫	第3集 2016年 12月10日
新立屯上久堅開拓団	大平 國雄	戦後も上久堅に暮らし続けて	上久堅村（飯田市）	松葉 孝子 本島 和人	
新立屯上久堅開拓団	長沼 弘隆	戦後八年を中国の人々と暮らして	鼎村（飯田市）	松葉 孝子 植松 敏明	
長野県報国農場勤労奉仕隊	江塚 栄司	青年学校生の勤労奉仕50日	松尾村（飯田市）	伊坪 俊雄 野口 次郎	
曙義勇隊富樫中隊・開拓団	伊原 幸	満州に僕らの青春があった	浪合村（阿智村）	前澤 真美 本島 和人	
西海浪竜川義勇隊開拓団	田中 稲男	教学奉仕隊に参加した先生の勧め	飯田市	宮下 のぞみ 高島 孝子 野口 次郎	

開拓団／義勇隊／（所属）	語り手	表　題	出身地（現在）	聞き手	発行年
八洲義勇隊・金沢砲兵62部隊	熊谷 睦男	義勇隊から志願して軍隊へ	山本村（飯田市）	筒井 芳夫 原 英章	第4集 2018年 12月16日
三江義勇隊両角中隊	林 三穂	仕事ありませんか（ガンホージメイヨウマ）	河野村（豊丘村）	植松 敏明 島崎 友美	
窪丹崗千代村開拓団	鈴木 俊寛	満州で逝った母親の哀しみを懐いて	大阪・千代村（飯田市）	齊藤 俊江 福島 達也	
新立屯上久堅開拓団	丹羽 千文	帰国を願いつづけて四五年	鼎村（飯田市）	塩野入みどり 松葉 孝子	
平康産業組合	原 道治	父母二人だけで渡った朝鮮開拓	朝鮮平康郡	小林 勝人 筒井 芳夫	
中和鎮信濃村開拓団	北宮 司子	帰国できたのは母と二人	満洲中和鎮信濃村開拓団	島崎 友美 向山 敦子	

5. 写真に映された満洲開拓・戦後開拓

解　説

　ここでは飯田市歴史研究所で所蔵する満洲開拓に関する写真史料をあげた。

　満洲移民として送り出す前の家族写真・訓練写真・現地の写真・帰国した人たちが再開拓に挑んだ写真などがある。帰国者は写真を持ち帰ることができなかったため、現地での写真は主に終戦前に実家などへ送られたものである。

　写真の多くは聞き取りをした折に提供されたものを写真専門店で複製してもらったものである。提供者名と撮影者が判明しているものは氏名を入れた。

　これらの写真は、飯田市歴史研究所で目録を作成してあり閲覧できる。

　そのほか、図書として『高森100年の写真史』（高森百年の写真史刊行委員会、1988年）の中には義勇軍父兄会や、義勇軍が出発する市田駅前の写真などが含まれている。

① 上久堅村開拓団関係写真（63枚）

提供者　小木曽弘司・下山幸子

　小木曽弘司氏は帰国後上久堅分村の帰国者をまとめ、記念誌や記念碑を作るため中心となって活躍した。下山幸子氏は上久堅村開拓団長・島岡米男の子どもで満洲へ行き、現地で両親を失い1946年10歳で帰国した。聞き取りをしながら写真の説明を聞いた。団長は満洲の写真を撮り、実家にいた祖母に送っていたのが残った。

　写真は現地の風景、伐採作業、炭俵編み作業、勤労奉仕隊作業、神主が執り行った12組の集団結婚式（この写真の撮影者は不明）などがある。

② ハルビン開拓指導員訓練所他満洲関係写真（77枚）

提供者　筒井茂實・美恵子

　筒井茂實氏は河野村開拓団長・筒井愛吉の息子。1933年ハルビン開拓指導員訓練

所に入り蔬菜作りの研究をしたが、1944年河野分村を作るため開拓団へ移る。訓練所の寮母をしていた女性と結婚したが、敗戦で夫人は集団自決した。茂實氏は1946年帰国してから満洲犠牲者の記念碑などを建てるのに尽力した。

　写真は実家へ送ってあったものを再婚した美恵子さんが整理した。

　写真はハルビン開拓指導員訓練所の農作業の様子が多い。プラウ、リージャン、カルチパッカなどの大型農機具は、播種や麦刈りなど、広大な農地での研究用に使っていることが分かる。また団長の写真、所長飯島連次郎の書、ご自身の結婚式の写真、御牧ヶ原修練農場の写真、兄光美が試験移民で入植した弥栄村の様子などがある。

③ 弥栄村開拓団他関係写真（49枚）

　提供者　長沼とめ子

　長沼とめ子氏は最初の試験移民として弥栄村へ入植した長沼正平氏の開拓花嫁として1934年渡満した。弥栄村の「長野屯」で30町歩の農業をしていたので、長野屯の様子の写真が多い。開拓花嫁が下伊那から3人ジャムスへ着いたときに花婿が迎えた写真、家族写真、冬の子どもや弥栄神社の写真があり、その中には、1937年に「満洲國」で作られた、満洲映画協会（本社新京市、理事長甘粕正彦、主な女優李香蘭、国策会社として映画館の設立、映画製作を行う）の記者が撮影した長沼家の家族写真だと提供者が語ったものもある。

④ 河野村勤労奉仕隊写真、河野分村入植式写真（51枚）

　提供者　原愛子

　原愛子氏は1944年夏、開設したばかりの石碑嶺河野分村へ、河野村女子青年団役員11名が勤労奉仕隊として渡満したが、その一員として参加した。すでに戦況は悪化していて、帰国する船便が取れなく予定より長い滞在となった。

　1944年8月13日に行われた河野村開拓団入植式の写真が2枚ある。1枚は団長を中心に開拓団員、来賓、勤労奉仕隊の集合写真、もう1枚は鍬入れ式をしている様子で、来賓のものと思われるボンネットの自動車が写っている。河野分村はこの1年後集団自決をしたので、正式な写真はこれしか残されていない。あとは奉仕隊が働いている様子を写した小さい写真で、冊子に貼り付けてある。その他、御牧ヶ原修練農場

へ行ったときの様子が8枚入っている。山浦義彦氏提供の御牧ヶ原修練農場の写真2枚も含まれている。原愛子氏の写真は原写真であるため閲覧用に複製をつくってある。

⑤ 熊谷元一満洲開拓関係写真（アルバム1冊）

提供者　熊谷元一童画写真館

熊谷元一氏は現阿智村生まれ。小学校教師をしていた1933年2月4日治安維持法違反（2・4事件ともいう）で罷免。写真撮影が好きで村の様子を写真に収めていた。朝日新聞社から『會地村―― 一農村の写真記録』（1938年）が出版されている。拓務省嘱託職員として採用され、満洲へ2度写真を撮りに行った。青少年義勇隊の生活が主だが、開拓団の様子、学校の運動会の様子も撮影してきた。これらの写真は、「熊谷元一童画写真館」からネガで借用し複製した。

⑥ 『下伊那町村長会満洲視察写真帳』（アルバム1冊）

下伊那町村長会主催の満洲視察が1938年5月15日～6月7日行われた。各村長を中心に40名が参加した。その報告が『滿洲農業移民地視察報告書』と『滿洲農業移民地視察記念帳』写真版として発行された。参加した各役場に配られたものであろう。

⑦ 松島自由移民団出発式写真（1枚）

下伊那郡市田村出身の松島親造は朝鮮総督府から北京の領事館勤務になり、故郷の人々を満洲開拓に呼び寄せるため、下伊那町村長会を母体に自由移民を募集した。その第1回目1937年3月11日の出発のときの写真である。下伊那郡役所前通称赤門前で写している。「送　吉林省松島自由移民団」と旗が立ち、渡満者全員と前列には郡の役職人などが並んでいる。写真は下久堅村役場に保管されていたものを複製した。

⑧ 大古洞下伊那郷開拓団関係写真（15枚）

提供者　前澤節子

前澤節子氏は父親前澤覚郎氏に連れられて1939年6歳の時に一家で下伊那郷開拓

団へ渡満入植した。渡満前の家の前で撮った記念写真。大古洞での家族それぞれの写真、麻山駅、新香坊駅、松花江の写真が含まれる。

⑨『平谷村満洲視察アルバム』写真（24枚）

提供者　平谷村役場

平谷村は下伊那町村長会の満洲視察には参加していない。しかし村松藤右衛門村長はのちに視察に行って視察報告を「南信新聞」に連載しているが、その時の写真であろうか。1939年11月7日という記入が1枚ある。平谷村役場の地下倉庫にアルバムが保管されていた。

写真には弥栄村や松島自由移民の白山子開拓組合、吉林市の学校の様子。冬に行ったのであろうか、木に氷の花がきれいに咲いているのが写されている。

⑩ 松島自由移民江密峰開拓組合関係写真（4枚）

提供者　塩澤ちあき

塩澤ちあき氏は下伊那郡下條村の製糸工場・酒造業に失敗した夫塩澤久俊氏と長女を連れ26歳で1939年松島自由移民江密峰開拓組合へ入植した。両親が満洲へ遊びに来た写真があり、二重窓の立派な家屋で松島自由移民団の様子がわかる。

また久俊の弟が満洲にいて結婚式をし「吉林神社」前で記念写真を撮っている。神主がいて男女とも正装した姿である。

⑪ 長野県立桔梗ケ原女子訓練所写真（43枚）

提供者　下田すゞみ

下田すゞみ氏は下伊那郡河野村（現 豊丘村河野）生まれ。満洲にあこがれていたが1年間花嫁修業ということで母親の許しを受け、長野県東筑摩郡広丘村（現 塩尻市広丘）の女子訓練所へ1941年に入所した。訓練所の外形、河田所長他訓練生の集合写真、日輪兵舎をまねてつくられた建物、そこで作業に出かける訓練生、トウモロコシ畑に立つ訓練生など、一人ずつの楽しそうな記念写真が撮られている。飯田で同窓会をしたこともあり、写真と資料が残っていた。

⑫ 義勇軍郷土訪問写真（1枚）

提供者　窪田兼康

　窪田兼康氏は、信州綜合義勇隊開拓団第三義勇隊として伊拉哈義勇隊原中隊の一員であった。渡満する前に内原訓練所を出て郷土訪問のため1942年5月11日飯田へ来て家族と面会、宿屋で一泊し翌日出発した。原中隊長は原為二氏で下伊那郡喬木村出身の元教員、2・4事件で退職したが、中隊長として隊員307人を連れて渡満した。

　写真は雨の中飯田市追手町通りを鉄砲の代わりに鍬の柄を担いで行進した時のもので、周りに見送りする多くの人が写っている。この中に窪田氏も入っている。

⑬ 戦後開拓岩手上郷分村写真（61枚）

提供者　山上忠治

　山上忠治氏は満洲の水曲柳開拓団から帰国後、岩手県滝沢村（現 滝沢市）へ上郷分村として先に入っていた一本木部落のそばに作った滝沢村柳沢部落に入植した。山を切り拓き開墾しながら県庁へ出向き、開拓行政のありようを陳情した。また岩手県全体の開拓史もまとめた。

　写真は開拓に入ったばかりの共同炊事場の建前の様子、母村である上郷村の援助で作られた記念碑、集会所などもある。

　開拓に入ってから10年目の1957年、青山学院写真部の岩崎晴好氏が撮影した山上氏の家族生活や農業の様子など21枚がある（全部が岩崎氏による撮影かは不明）。

　2007年7月14日〜15日、飯田市歴史研究所顧問研究員森武麿、同研究所の調査研究員齊藤俊江、向山敦子、信濃毎日新聞社の山口裕之氏が聞き取りに訪れた。その時の山上家での聞き取り風景、一本木部落で集団聞き取りをした開拓一世の顔写真を向山敦子が撮影した。一人ずつの顔写真は開拓者の逞しさを後世に伝えるため残した。

⑭ 戦後開拓西富士長野開拓写真（43枚）

　満洲移民政策に懐疑的だった下伊那郡大下條村（現 阿南町）村長佐々木忠綱を中心に、戦後復員者引揚者をいち早く静岡県富士宮市の富士山西麓一帯に送り、再開拓を始めた。母村助役の伊藤義実を団長として送り、村から手厚い支援をした。青少年義

勇軍帰国者 22 名が含まれている。

　写真は 2006 年 9 月 7 日〜 8 日にかけて森武麿・齊藤俊江・向山敦子が聞き取り調査に行ったときのものである。「開拓農協」の前庭に開拓に使った道具、機械などが展示され、「開拓歴史の家」が建てられている。中に資料が保存されており、それらを撮影した。また平等に区切られた墓地、開拓記念碑、現阿南町出身の彫刻家城田孝一郎氏作の故郷の方角を望む母子像などの写真がある。聞き取りは一世は昼間、二世は夜に分けて行い、いずれも顔写真を写した。

⑮ 戦後開拓富士ヶ嶺開拓写真（10 枚）

　山梨県上九一色村富士ヶ嶺（現 富士河口湖町）はオウム真理教団の本部のあったところである。広大な土地に飯田下伊那から 53 戸が入植した。主に泰阜村の満洲帰国者であった。

　2008 年 7 月 31 日〜 8 月 1 日森武麿、齊藤俊江、向山敦子が聞き取りに入ったときの写真である。開拓 50 周年記念碑、大きな「牛の像」「畜魂供養碑」「鳥獣供養塔」があり、開拓者の自然と共生する精神が強い開拓地であった。

⑯ 戦後開拓鍋田干拓聞き取り写真（10 枚）

　鍋田干拓地は、愛知県海部郡弥富町鍋田（現 弥富市）に位置する。下伊那から旦開村（現 阿南町新野）20 戸、和合村（現 阿南町和合）9 戸、大下條村 1 戸が入植している。この干拓地は 1959 年 9 月 26 日の伊勢湾台風で壊滅的な被害を受けた。

　聞き取り調査は旦開村関勝夫村長の長男関忠安氏の案内で 2009 年 9 月 10 日〜 11 日に森武麿・齊藤俊江・向山敦子が行った。その時の干拓一世 7 名の方々の写真である。伊勢湾台風以前の干拓地の様子はほとんどない。

⑰ 福島県葛尾村松島共栄開拓団（CD 2 枚）

撮影者　齊藤俊江・向山敦子
　戦後開拓地調査のため 2017 年 4 月 6 日〜 7 日、福島県双葉郡葛尾村を森武麿・齊藤俊江・向山敦子・竹越萌子（信濃毎日新聞社）・篠崎貴志（NHK 長野支社）が訪問し、

岩間政金氏を調査したときの写真である。途中から同席した政金氏の長女千代子さんの写真も含まれる。

　岩間氏は下伊那郡上久堅村から家族で松島自由移民として渡満、戦後引揚げて茨城県を経て福島県へ開拓に入った。しかし東京電力の福島原発事故で牛を殺処分され、家、田畑、山を置いて6年間避難生活をした。写真は葛尾村の放射能廃棄物置き場・岩間氏の現在・岩間家の墓地・汚染された農地、聞き取りの様子などを含む。CDはオーラル岩間政金ファイルにある。

⑱ 戦後開拓九州大堤開拓地写真（3枚）

　提供者　北澤小太郎

　戦後下伊那地方事務所は国内に新たな開拓地を決め、各村を通して入植を奨めた。その結果九州大分県天堤開拓団へも下伊那から10戸が入植している。竜丘村からも1戸入植しているため竜丘村村会議員北澤小太郎氏が、早い時期に視察に行ったのであろう。協同で開墾して木の切株を焼いているところの写真が残されている。

⑲ ハルビン　桃山小学校（絵葉書、2枚）

　満洲国ハルビンには大正時代から日本人学校、哈爾浜尋常高等小学校があり、分離して1936年に桃山小学校と改名され、多くの日本人子弟が通っていた。この絵葉書は1940年のものである。敗戦により多くの開拓団員、現地にいた日本人の収容所となった。

⑳ 川路村分村跡地写真（8枚）

　撮影者　人越葉子

　大越葉子氏は満蒙開拓を語りつぐ会の会員。2007年8月中国東北部満洲開拓跡地を訪れた。そのとき川路分村跡地を写真に収めてきた。団長宅、学校跡、家屋などの写真がある。

㉑ 山本慈昭記念館写真（18枚）

撮影者　鬼塚 博・齊藤俊江

　山本慈昭氏は1944年5月阿智郷開拓団の小学校教師として入植した。戦後行方不明となったご自分の娘を中国へ捜しに行ったことから、残留孤児の帰国に力を注いだ。その活動の中心に阿智村長岳寺下に「山本慈昭記念館」が建てられた。その内部を飯田市歴史研究所研究員鬼塚博と齊藤俊江が調査に行き撮影した写真である。現在建物はなく、内部にあった資料は、満蒙開拓平和記念館に移された。

　写真は山本慈昭氏の遺影・像、展示された孤児たちからの手紙、日・中の国旗、建物などがある。

㉒ 飯田下伊那郡内開拓記念碑・慰霊碑めぐり写真（14枚）

撮影者　齊藤俊江

　飯田下伊那各地には満洲で亡くなった方の「慰霊碑」「開拓碑」が20基余り建てられている。これら碑の慰霊と建立者に労いるため、2007年9月24日満蒙開拓を語りつぐ会では例会として、川路・泰阜・千代・上久堅・下久堅・豊丘・高森にある碑を見学した。そのときの見学者を含めた写真である。

㉓ 満蒙開拓についての語り手写真（17枚）

　満蒙開拓を語りつぐ会などで聞き取りをした時、語り手を撮影したものである。角度を変えて表情をとらえたものである。残されていたものはほんの一部であるが、保存していたものを収録した。寺澤テツコさん・松下成司さん・竹下昌義さん・勝野憲治さん・中島千鶴さんの写真である。

6. 映像（テレビ・映画）で公開された満洲移民

解　説

　ここでは映像資料を文字資料とは別な資料価値があるとみて収録した。

　作品全体が飯田下伊那を扱ったものでなくても、その中の一部で飯田下伊那が出てくれば含めている。

　また一つの作品の時間（15分～120分）や、放映地域や視聴可能範囲も全国、東北、長野県内、飯田下伊那のケーブルテレビ登録者のみと様々であるが、同じ扱いとしている。

　1940（昭和15）年、川路村で最初に無声映画が作られた。1939（昭和14）年に分村開拓を決定した川路村は渡満者が少なく、村長が引責辞職した。村では移民勧誘のために広報費を計上し、1940（昭和15）年、川路村で写真館を営んでいた佐藤勇を夏と冬の2回渡満させ、満洲川路村開拓団の様子を撮影させた。映画フイルムは警察へ提出、検閲を受け上映許可を取った上で、村の中を上映して廻った。無声映画なので、佐藤勇が解説しながら見せたのであろう。一部分が『下伊那のなかの満洲（第10集）』今村秀平263頁～270頁に載せてある。

　戦後54年間はまとまった作品はなく、ようやく泰阜村の中島多鶴氏が中国へ行き、残留婦人を探すドキュメンタリー番組をNHKが制作した。1989年9月3日「忘れられた女たち～中国残留婦人の昭和」として全国放映し大きな反響を呼んだ。そして残留婦人たちを帰国させるための寄付金が全国から村へ寄せられた。翌年には同書名で日本放送出版協会から書籍として出版され、残留婦人の問題が社会問題となった。

　それから13年後の2002年にNHKとテムジン（テレビ番組制作会社）で制作した「“留用された”日本人～日中知られざる戦後史」が放映された。満洲開拓地で働いていた医師や看護婦など技術者が、戦後も中国に残され、留用されていたという内容で、飯田下伊那地域の関係者も取り上げられた。

しかし飯田下伊那地域を取材した満州移民の映像はつくられなかった。

　2002年3月、飯田に「満蒙開拓を語りつぐ会」が発足し、聞き取り報告集が出版されると、満洲移民帰国者の存在が分かり、マスコミでも取り上げられるようになった。

　テムジンでは聞き取り報告集を参考に飯田を訪れ、飯田市在住の青少年義勇軍体験者の取材をし、2010年8月NHKハイビジョン特集「満蒙開拓青少年義勇軍〜少年と教師それぞれの戦争」を全国放映した。教育者がどう満洲開拓にかかわったのかを映像で公にしたものである。

　そして信越放送（SBC）では、河野村の集団自決でただ一人生き残った久保田諫氏、自死した胡桃澤盛村長を中心に満洲移民を送り出した地域の歴史を後世に伝える次の4本の作品が制作された。2009年「残された刻〜満州移民最後の証言」、2013年「刻印〜不都合な事実を語りつぐ」、2015年「棄民哀史」、2018年「決壊〜祖父がみた満州の夢」である。4本とも同じディレクターによって作られた。これらは満洲開拓を通して戦争責任を問うものであった。

　2016年8月NHKスペシャルで「村人は満州へ送られた〜国策71年目の真実」は取材範囲を伊那谷から全国に広げ、満洲開拓が拓務省だけでなく農林省も含めて国策はどうすすめられたのかを追求した番組であった。

　また、満洲移民政策に反対だった佐々木忠綱・大下條村村長の生涯を制作した長野放送（NBS）の「信念に生きた男〜満州移民に抵抗した村長佐々木忠綱〜」（2017年8月放映）は2018年FNSドキュメンタリー大賞を受賞した。「教育が人生を変える」番組であった。

　この他NHK長野放送局の若いディレクターによる「あの日の記憶・満蒙」は15分のシリーズ番組ではあるが、多くの満洲移民体験者が登場している。また飯田ケーブルテレビ「今伝えたい記憶」は満洲移民体験者からの聞き取りの様子を録画して放映している。

　最近は満洲帰国者の戦後開拓を扱った作品が放映されるようになった。上郷村（現飯田市）から岩手県滝沢村（現 滝沢市）「上郷分村」へ再開拓に向かった山上忠治さんの戦後史を追ったドキュメンタリーが、2018年1月NHK仙台放送局で「ふるさと ―― 開拓に生きた百歳からのメッセージ」として放映された。

　また2019年3月23日のNHKETV特集と、4月5日・12日のNHK長野放送局〈知るしん〉で放映された「彼らは再び村を追われた〜知られざる満蒙開拓の戦後史」

は、信州飯田→満洲開拓→帰国飯田→茨城再開拓→福島再開拓、ついには福島原発事故で土地を失った岩間政金さんなどを追い、満洲移民・原発事故から、三度故郷を奪った国策とは何だったのかを問う番組である。この作品は「2019年度地方の時代映像賞」に入賞した。

　映画は2本作られた。

　2009年に羽田澄子監督で『嗚呼　満蒙開拓団』が下伊那郡泰阜村をモデルにして制作され、全国で上映された。

　2015年には山田火砂子監督で『望郷の鐘　山本慈昭　満蒙開拓団の落日』が作られ全国で上映された。この映画は1945年小学校の教師であった僧侶の山本が、村で阿智郷開拓団の教師を頼まれて渡満したがすぐ敗戦となり、逃避行の末シベリア抑留を経て漸く帰国した。戦後現地で亡くなった人を弔ったり残留婦人や残留孤児の肉親捜しに力を尽くした生涯を描いている。

　戦時中に作られた川路分村の映像はDVD版を満蒙開拓平和記念館で所蔵している。

　これら映像資料の一部は飯田歴史研究所に録画が保存され閲覧できるが、各制作機関に問い合わせるのがよい。

映像（テレビ・映画）で公開された満洲移民

放送日	題名	シリーズ名	制作会社・放送局	制作代表者
1941. 2	満洲川路村分村の夏・冬		川路村	佐藤 勇
1983. 9. 1	中国残留孤児・麻山事件	そこが知りたい	テムジン・TBS	矢島 良彰
1988. 8. 16	幼き子らの満蒙開拓		SBC	
1989. 9. 3	忘れられた女たち〜中国残留婦人の昭和	NHK スペシャル	NHK	西澤 和芳・中田 裕之
2002. 9. 29	"留用された" 日本人〜日中・知られざる戦後史〜	ハイビジョン特集	テムジン・NHK	中村 豊
2009. 2. 26	残された刻〜満州移民・最後の証言	SBC スペシャル	SBC	手塚 孝典
2009. 6. 13	嗚呼 満蒙開拓団	（映画）	自由工房配給	羽田 澄子監督
2010. 8. 8	引き裂かれた歳月〜証言記録シベリア抑留	NHK スペシャル	テムジン・NHK	小柳 ちひろ
2010. 8. 11	満蒙開拓青少年義勇軍〜少年と教師それぞれの戦争	ハイビジョン特集	テムジン・NHK	米本 直樹
2010. 10. 18	満蒙開拓／「今、語り部として」	NBS 月曜スペシャル	NBS	——
2011. 8. 24	祖国に在りて〜中国残留孤児の終わらない戦後	SBC スペシャル	SBC	手塚 孝典
2011. 10. 7	"国策" はどう進んだか	知るしん	NHK	森田 超
2011. 12. 31	開拓者たち〜千振開拓団の80年〜	証言記録	テムジン・NHK	中村 豊
2012. 8. 29	遼太郎のひまわり〜日中友好の明日へ	SBC スペシャル	SBC	手塚 孝典
2013. 4. 26	富士に開拓の心〜山梨県富士河口湖富士ヶ嶺	小さな旅	NHK	——
2013. 7. 31	刻印〜不都合な史実を語り継ぐ	SBC スペシャル	SBC	手塚 孝典
2014. 8. 12	女たちのシベリア抑留	BS1 スペシャル	テムジン・NHK	小柳 ちひろ
2015. 1. 17	山本慈昭 望郷の鐘 満蒙開拓団の落日	（映画）	現代プロダクション	山田 火砂子監督
2015. 3. 2	北原 悦郎さんに聞く	今伝えたい記憶	飯田ケーブルテレビ	山田 道宏・北林 直子
2015. 5. 11	湯澤 政一さんに聞く	今伝えたい記憶	飯田ケーブルテレビ	山田 道宏・北林 直子

放送日	題名	シリーズ名	制作会社・放送局	制作代表者
2015. 5. 27	棄民哀史	SBC スペシャル	SBC	手塚 孝典
2015. 10. 12	鎌倉 為雄さんに聞く	今伝えたい記憶	飯田ケーブルテレビ	山田 道宏・北林 直子
2016. 6. 27	林 三穂さんに聞く	今伝えたい記憶	飯田ケーブルテレビ	山田 道宏・北林 直子
2016. 8. 14	村人は満州へ送られた〜国策71年目の真実	NHK スペシャル	NHK	森田 超
2016. 8. 29	中島 茂さんに聞く	今伝えたい記憶	飯田ケーブルテレビ	山田 道宏・北林 直子
2017. 6. 1	時代に翻弄された開拓民	NHK おはよう日本	NHK	篠崎 貴志
2017. 7. 26	あなたのいない村	SBC スペシャル	SBC	手塚 孝典
2017. 8. 25	信念に生きた男〜満州移民に抵抗した村長佐々木忠綱	NBS フォーカス	NBS	大日方 詩織
2018. 1. 5	ふるさと——開拓に生きた百歳からのメッセージ	クローズアップ東北	NHK 仙台	——
2018. 2. 11	決壊〜祖父が見た満州の夢	民教協スペシャル	SBC	手塚 孝典
2018. 4. 26	久保田 諌の証言〜河野村開拓団	あの日の記憶・満蒙	NHK 長野放送局	間瀬 有麻奈
2018. 6. 28	仲田 武司の証言〜水曲柳開拓団	あの日の記憶・満蒙	NHK 長野放送局	河合 風悟
2018. 7. 26	桜井 こうの証言〜水曲柳開拓団	あの日の記憶・満蒙	NHK 長野放送局	間瀬 有麻奈
2018. 11. 1	北島 里の証言〜水曲柳開拓団	あの日の記憶・満蒙	NHK 長野放送局	稲垣 佑透
2018. 11. 19	片桐 四郎さんに聞く	今伝えたい記憶	飯田ケーブルテレビ	山田 道宏・北林 直子
2019. 1. 19	林 茂伸〜残された一通のてがみ	あの日の記憶・満蒙	NHK 長野放送局	間瀬 有麻奈
2019. 1. 21	松澤 弘子さんに聞く	今伝えたい記憶	飯田ケーブルテレビ	山田 道宏・北林 直子
2019. 1. 31	原 千代の証言〜水曲柳開拓団	あの日の記憶・満蒙	NHK 長野放送局	保科 賢一
2019. 2. 25	田中 稲男さんに聞く	今伝えたい記憶	飯田ケーブルテレビ	山田 道宏・北林 直子
2019. 2. 28	湯澤 政一の証言〜三江義勇隊両角中隊	あの日の記憶・満蒙	NHK 長野放送局	間瀬 有麻奈
2019. 3. 23	彼らは再び村を追われた〜知られざる満蒙開拓団の戦後史	ETV 特集	NHK	夜久 恭裕・篠崎 貴志・鹿島 真人

放送日	題名	シリーズ名	制作会社・放送局	制作代表者
2019. 4. 5	彼らは再び村を追われた〜信州満蒙開拓団の戦後史（前編）	知るしん	NHK 長野放送局	夜久 恭裕・鹿島 真人・篠崎 貴志
2019. 4.12	彼らは再び村を追われた〜信州満蒙開拓団の戦後史（後編）	知るしん	NHK 長野放送局	夜久 恭裕・鹿島 真人・篠崎 貴志
2019. 4. 22	原 千代さんに聞く	今伝えたい記憶	飯田ケーブルテレビ	山田 道宏・北林 直子
2019. 4. 25	平成と信州　戦争の記憶　寺沢 秀文／久保田 諌	あの日の記憶・満蒙	NHK 長野放送局	間瀬 有麻奈
2019. 8. 8	心に閉じ込めた満州の思い出	あの日の記憶・満蒙	NHK 長野放送局	久保田 桂子

7．　語られた満洲開拓（音声）

解　説

　満洲移民の帰国は昭和21（1946）年から始まり、残留をよぎなくされた人や、二世、三世の帰還を支援する活動は現在も続いている。

　帰国者からの聞き取りは2000年頃から始まっているが、当時成人で帰国された方々の多くはすでに鬼籍に入り、満洲開拓の実像を聞くことは大変むずかしくなっていた。この20年間に聞き取りに応じてくださった多くの方々に感謝するとともに、その方々の想いを音声で次の世代に伝えていくことが、聞き取りにあたった者の責務だと考えている。

　聞き取りができた方々は、子どもか青年のときの渡満が多く、お話しは送り出されたころの学校の様子、家族で渡満したことなどから始まっている。満洲での生活は様々だが、敗戦による逃避行、肉親の死などの話は、言葉にするのがやっとで、聞き手も涙ながらに聞くという状態であった。音声を残す価値はこうした思いを伝えるという点でも、大切な資料である。

　聞き取りには、帰国後、再び国内で開拓に行った話や満洲へは行かなかったが、送り出した側だった方の当時の状況についての語りも含まれている。

　なお集団で聞き取りをした場合は、満洲移民帰国者だけでなく、軍人軍属で帰国した人も含まれている。

　語りには、記憶違いも含まれていることが当然予想されるが、これらについて一つひとつ事実を確認することはしていない。

　聞き取りをする場合は、録音をすること。録音内容を文字に起こして編集し、出版すること。また出版の前に、原稿を見ていただくことを条件とした。一人に何回も聞く場合もあったが、音声は2回ぐらいを保存している。2回目以降は聞き落とした大切なことや年代、地名の再確認が多く、雑談形式となっているので、録音はむずかし

くメモで取った。語ってくれた方々にとって満洲移民の記録を残すことは、自分が生きてきた証しでもあり、後世に伝えるべき歴史的事実として、全員の方が出版することを快諾された。

　聞き取りにあたった者は「満蒙開拓を語りつぐ会」、「満州移民を考える会」の会員（多くは同じ人）が多いが、戦後の再開拓についての調査などでは、様々な研究者が聞き取りを行っている。
　録音は2010年頃まではカセットテープで収録していたが、やがてICレコーダーなどで録音されるようになり、電子データとしてCDに保存している。

　これらのCDは飯田市歴史研究所で保管している。所内で聞くことは可能であるが、持ち出しはできない。複製を取る場合は、語り手本人か遺族の許可が必要となる。

語られた満洲開拓（音声）

掲載は語り手氏名の50音順

No	語り手	所属（開拓団／義勇隊）	聞き手	聞き取り日
1	飯嶋 隼人	江密峰松島開拓組合	伊坪 俊雄・高山 智子	2004. 5. 10, 10. 17
2	池田 純	大八浪泰阜村開拓団	向山 敦子	2005. 4. 8, 9. 29
3	池田 精孝	満洲国立佳木斯医科大学	齊藤 俊江	2005. 3. 24, 10. 7
4	池田 肇	大八浪泰阜村開拓団	今村 久・林 英寿	2010. 10. 11, 2011. 7. 5
5	池戸 勉	新立屯上久堅村開拓団	小林 勝人・向山 敦子	2006. 4. 27, 6. 22
6	稲垣 秀子	東横林南信濃郷開拓団／在満国民学校	小林 勝人・高島 孝子	2010. 11. 21, 2011. 2. 27
7	今村 秀平	満洲国立農事試験場／老石房川路村開拓団	齊藤 俊江・本島 和人・向山 敦子	2011. 9. 30, 10. 22
8	岩間 いちみ	新立屯上久堅村開拓団→戦後茨城県竪倉開拓	向山 敦子・齊藤 俊江	2005. 3. 16
9	岩間 政金	白山子松島開拓組合→戦後福島県葛尾村松島共栄開拓	森 武麿・齊藤 俊江・向山 敦子	2017. 4. 6, 4. 7
10	岩本 くにを	大八浪泰阜村開拓団	福島 洋子・堀尾 早苗	2005. 12. 9, 2006. 5. 24
11	上松 久子	新立屯上久堅村開拓団	福島 洋子・酒井 啓子	2002. 8, 2003. 6. 10
12	鵜飼 清	伊拉哈訓練所原中隊	伊坪 俊雄・松葉 孝子	2013. 4. 13, 12. 2
13	江塚 栄司	長野県報国勤労奉仕隊	伊坪 俊雄・野口 次郎	2015. 10. 20, 11. 19
14	大平 國雄	新立屯上久堅村開拓団	松葉 孝子・本島 和人	2015. 3. 6, 10. 17
15	岡島 よ志ゑ	窪丹崗千代村開拓団	関口 朝子・齊藤 俊江	2009. 11. 23, 12. 6
16	小木曽 弘司	新立屯上久堅村開拓団	橋部 進・塚原 千枝子	2005. 9. 16, 10. 14
17	勝野 憲治	新立屯上久堅村開拓団	大越 葉子・大越 慶	2011. 5. 17, 8. 23
18	加藤 利幸	長野県報国農場	島崎 友美・伊坪 俊雄	2014. 8. 8, 11. 18
19	唐澤 寿美	南五道崗長野村開拓団	筒井 芳夫・福島 洋子	2005. 9. 1, 11. 11
20	唐澤 徳	新立屯上久堅村開拓団	久保田 諫・筒井 芳夫・松葉 孝子	2014. 4. 8, 10. 30
21	川上 浩美	東横林南信濃郷開拓団	笹隈 哲夫・伊坪 俊雄	2008. 3. 28, 2009. 3. 29
22	北原 知子	長野県農業会窪丹崗報国農場	福島 洋子	2004. 4, 2004. 7
23	北宮 司子	中和鎮信濃村開拓団	向山 敦子・島崎 友美	2017. 1. 24, 2018. 4. 10
24	木下 茂利	水曲柳開拓団	筒井 芳夫・高島 孝子	2003. 8. 4, 8. 26

No	語り手	所属（開拓団／義勇隊）	聞き手	聞き取り日
25	木下 久	一面坡訓練所／鳳鳴義勇隊開拓団→戦後茨城県向原開拓組合	齊藤 俊江・植松 敏明	2011. 5. 28
26	串原 喜代枝	伊拉哈義勇隊訓練所	向山 敦子	2002. 9. 12, 12. 12
27	久保田 諫	石碑嶺河野村開拓団	筒井 芳夫・中 繁彦	2003. 7. 10, 8. 25
28	熊谷 勲	新立屯上久堅村開拓団→戦後茨城県堅倉開拓	向山 敦子・齊藤 俊江・森 武麿	2005. 3. 15
29	熊谷 睦夫	八洲義勇隊	筒井 芳夫・原 英章	2015. 8. 30, 2017. 11. 18
30	熊谷 元一	拓務省嘱託（写真撮影）	齊藤 俊江・本島 和人	2005. 10. 8
31	後澤 為雄	伊賀良国民学校	齊藤 俊江・宮下 のぞみ	2013. 6. 29, 12. 3
32	小林 房子 金 生玉	水曲柳開拓団	小林 勝人・福島 洋子	2007. 9. 17, 2008. 12. 23
33	早乙女 俊夫	佳木斯 陸軍山崎大隊第二中隊第一小隊長	小林 勝人	2007. 4. 25
34	桜井 こう	水曲柳開拓団	木下 容子・清水 廸夫	2010. 6. 16, 2011. 5. 25
35	桜井 伴	大古洞下伊那郷開拓団	東京大学文学部吉田ゼミ	2014. 9. 17
36	桜井 好春	内原訓練所准幹部生	齊藤 俊江・向山 敦子・中山 淳子	2010. 10. 21, 10. 22
37	佐々木 和利	伊拉哈義勇隊原中隊	本島 和人・齊藤 俊江	2014. 1. 15, 2. 18
38	沢柳 フミ	水曲柳開拓団	吉川 允子	2002. 7. 25, 2003. 3. 29
39	塩沢 兼代	北哈嗎阿智郷開拓団	向山 敦子・熊谷 源二	2010. 8. 3
40	塩沢 ちあき 塩沢 信子	江密峰松島開拓組合	向山 敦子・鈴木 明子	2010. 11. 8, 2011. 5. 16
41	塩沢 増恵	双河鎮松島開拓組合	伊坪 俊雄・高島 孝子	2011. 5. 28, 6. 13
42	下田 すゞみ	桔梗ケ原女子訓練所	池田 勇太・齊藤 俊江・筒井 芳夫	2012. 6. 13
43	下山 幸子	新立屯上久堅村開拓団	小池 久仁子・関口 正巳・関口 朝子	2004. 10. 2
44	須甲 ハナ	大古洞下伊那郷開拓団／満洲国赤十字病院	福島 洋子	2009. 11. 23
45	鈴木 俊寛	窪丹崗千代村開拓団	福島 達也・齊藤 俊江	2017. 2. 19 ,3. 4
46	関 忠安	旦開村→戦後鍋田干拓	森 武麿・鬼塚 博・本島 和人・齊藤 俊江	2008. 2. 16
47	関口 正巳	鉄驪義勇隊（鉄驪訓練所）	伊坪 俊雄・齊藤 俊江	2002. 7. 13
48	関島 興造	戦後北海道十勝開拓	鹿島 真人・向山 敦子・齊藤 俊江	2018. 11. 2
49	関島 要三	老石房川路村開拓団→戦後北海道十勝開拓	小林 勝人・小木曽 弘司	2004. 6. 25, 7. 15

No	語り手	所属（開拓団／義勇隊）	聞き手	聞き取り日
50	竹内 和市	吉林省水曲柳開拓団	伊坪 俊雄・吉川 允子	2010. 10. 22, 10. 24
51	竹下 昌義	窪丹崗千代村開拓団	中村 政則・齊藤 俊江	2005. 8. 20
52	多田 清司	新立屯上久堅村開拓団	植松 敏明・熊谷 真理子	2010. 6. 20, 9. 23
53	茅野 道寛	大古洞下伊那郷在満国民学校	本島 和人	2003. 10. 22, 2005. 8. 17
54	茅野 玲子	大古洞下伊那郷在満国民学校	本島 和人	2003. 10. 22, 2005. 8. 17
55	筒井 茂實	ハルピン開拓指導員訓練所／石碑嶺河野村開拓団	齊藤 俊江・向山 敦子	2003. 5. 26, 9. 23
56	筒井 美治	大古洞下伊那郷開拓団	橋部 進・熊谷 真理子	2006. 6. 11, 10. 7
57	筒井 康行	大古洞下伊那郷開拓団	本島 和人・熊谷 真理子	2011. 5. 11, 8. 5
58	寺沢 テツコ	水曲柳開拓団	高島 孝子・齊藤 俊江	2009. 5. 28
59	中島 茂	大八浪泰阜村開拓団	小林 勝人・小木曽 弘司	2002. 10. 16
60	中島 多鶴	大八浪泰阜村開拓団／青年義勇隊ハルビン中央医院	筒井 芳夫・齊藤 俊江	2010. 9. 18, 2011. 1. 15
61	中島 千恵子	水曲柳開拓団	前澤 真実・向山 敦子	2014. 11. 8, 2015. 1. 30
62	中島 千鶴	大八浪泰阜村開拓団	大越 葉子・大越 慶	2009. 12. 9, 2010. 4. 5
63	中島 やすゑ 中島 利	大八浪泰阜村開拓団	中山 房治・福島 洋子	2010. 6. 14, 11. 24
64	仲田 保	水曲柳開拓団→戦後増野原開拓組合	森 武麿・齊藤 俊江・向山 敦子	2011. 8. 26, 2012. 2
65	長沼 弘隆	新立屯上久堅村開拓団	植松 敏明・松葉 孝子	2016. 2. 20, 4. 18
66	長沼 弘隆	新立屯上久堅村開拓団	海 阿虎・齊藤 俊江	2016. 8. 2
67	中村 秋雄	三江義勇隊／朝水特別訓練所	齊藤 俊江・橋部 進	2004. 7. 16, 8. 6
68	丹羽 千文	新立屯上久堅村開拓団	塩野入 みどり・松葉 孝子	2017. 2. 4, 2. 21
69	野口 康市	饒河少年隊大和村北進寮／晨明義勇隊開拓団	伊坪 俊雄・木下 容子	2007. 5. 24, 11. 13
70	林 三穂	三江義勇隊両角中隊	植松 敏明・島崎 友美	2017. 3. 16, 6. 19
71	原 千代	水曲柳開拓団	福島 達也・向山 敦子・筒井 芳夫	2015. 10. 27, 2016. 5. 9
72	原 道治	朝鮮江原道平康郡「平康産業組合」	筒井 芳夫・小林 勝人	2017. 3. 6, 4. 2
73	原 史	河野村胡桃澤盛について	池田 勇太・齊藤 俊江・筒井 芳夫・橋部 進	2012. 8. 21

No	語り手	所属（開拓団／義勇隊）	聞き手	聞き取り日
74	深谷 藤雄	鉄驪義勇隊（鉄驪訓練所）／三江義勇隊	寺田 一雄・清水 迪夫	2002. 10. 29, 2003. 1. 17
75	福澤 福義	水曲柳開拓団	高山 智子・清水 迪夫	2007. 11. 19, 2008. 3. 24
76	古川 隼人	大古洞下伊那郷在満国民学校	新井 康史・高島 孝子	2002. 9. 25, 2003. 7. 29
77	北條 キミ子	大古洞下伊那郷開拓団	熊谷 真理子・柘植 清司	2009. 12. 12, 2010. 4. 24
78	前澤 節子	大古洞下伊那郷開拓団	宮下 明子・向山 敦子	2009. 11. 24, 12. 1
79	牧内 春重	濃々河飯田郷開拓団	向山 敦子・高島 孝子	2007. 9. 14, 2008. 5. 7
80	松澤 弘子	黒台信濃村開拓団	伊坪 俊雄・向山 敦子・齊藤 俊江	2018. 3. 16
81	松下 成司	長野県農業会窪丹崗報国農場	伊坪 俊雄・齊藤 俊江	2005. 8. 5, 8. 31
82	松下 拡	河野村胡桃澤盛について	田中 雅孝・齊藤 俊江・池田 勇太・橋部 進	2012. 9. 6
83	松島 照子	大古洞下伊那郷開拓団	小林 勝人・小木曽 弘司	2009. 11. 17, 2010. 2. 27
84	南井 忠夫	新京特別市清明村開拓団	小澤 利実・齊藤 俊江	2019. 10. 13
85	宮内 三千雄	新立屯上久堅村開拓団	齊藤 俊江・山下 久枝	2014. 6. 17, 7. 3
86	宮澤 一三	大八浪泰阜村開拓団	筒井 芳夫・串原 喜代枝	2005. 2. 17, 2. 28
87	宮島 満子	南五道崗長野村開拓団／残留孤児国家賠償請求兵庫訴訟原告団	笹隈 哲夫	2011. 2. 14, 2012. 2. 17
88	村上 直衛	長崗義勇隊開拓団	島崎 友美・野口 次郎・向山 敦子	2013. 7. 9, 0. 15
89	森本 勝治	長崗義勇隊開拓団	熊谷 真理子・林 知先	2004. 1. 24, 2. 4
90	矢澤 悦子	長野県女子大陸訓練隊（富士見分村王家屯開拓団女塾塾）	小林 勝人・向山 敦子	2013. 7. 8, 12. 17
91	山崎 政男	老石房川路村開拓団	伊坪 俊雄・向山 敦子	2009. 1. 20, 1. 27
92	山崎 好信	水曲柳開拓団	伊坪 俊雄・植松 敏明	2009. 12. 17, 12. 21
93	山田 庫男	大古洞下伊那郷開拓団	今村 久・林 英寿	2009. 2. 6, 3. 10
94	山本 啓江	北哈嗎阿智郷開拓団	小林 勝人・通訳：野中 章	2007. 11. 4
95	湯澤 政一	三江義勇隊訓練所	橋部 進・齊藤 俊江	2010. 2. 5, 3. 5
96	吉川 昭文	満洲農産公社	齊藤 俊江	2005. 8. 19
岩手県上郷分村　　戦後 岩手上郷分村				
97	伊壺多 計司	上郷村→岩手へ	森 武麿・齊藤 俊江・向山 敦子	2007. 7. 24, . 25
98	鎌倉　智明	上郷村→岩手へ		

No	語り手	所属（開拓団／義勇隊）	聞き手	聞き取り日
99	下平 忠幸	大古洞下伊那郷開拓団→岩手へ	森 武麿・齊藤 俊江・向山 敦子	2007. 7. 24, . 25
100	武村 徳一	水曲柳開拓団→岩手へ		
101	藤田 四郎	義勇軍鉄麗訓練所・三江訓練所→岩手へ		
102	丸山 次男	上郷村→岩手へ		
103	山上 ちづる	水曲柳開拓団→岩手へ		
104	山上 忠治	水曲柳開拓団→岩手へ		
105	横江 幸雄	上郷村→岩手へ		
	愛知県鍋田 干拓　　戦後 鍋田干拓			
106	青谷 由久三	旦開村役場→鍋田	森 武麿・齊藤 俊江・向山 敦子	2009. 9. 9, 9. 10
107	青谷 孝子	〃		
108	伊東 加冨	農業・豊橋訓練所→鍋田		
109	伊東 桂子			
110	関 忠安	父が旦開村長で代わりに参加		
111	豊田 武久	地方事務所林務課→鍋田		
112	豊田 邦子			
113	三浦 豁	農兵隊幹部生→鍋田		
	山梨県富士ヶ嶺　　戦後 富士ヶ嶺開拓			
114	池田 龍雄	戦後 富士ヶ嶺開拓	森 武麿・齊藤 俊江・向山 敦子	2008. 7. 30, 7. 31
115	池田 勉	戦後 富士ヶ嶺開拓		
116	伊藤 文男	戦後 富士ヶ嶺開拓		
117	木下 章	戦後 富士ヶ嶺開拓		
118	熊谷 義行	戦後 富士ヶ嶺開拓		
119	熊谷 喜美	戦後 富士ヶ嶺開拓		
120	島 秋雄	戦後 富士ヶ嶺開拓		
	長野県増野原　　戦後 増野原開拓			
121	大野 安雄	三菱重工金属工業所→増野原	森 武麿・齊藤 俊江・向山 敦子	2010. 8. 6
122	熊谷 あさ子	増野原	〃	〃
123	塩沢 孝	農協職員	森 武麿ゼミ・齊藤 俊江・向山 敦子	2012. 7. 29

No	語り手	所属（開拓団／義勇隊）	聞き手	聞き取り日
124	塩沢美佐子	満洲牡丹江市→ 増野原	〃	2012.7.29
125	竜口 和子	朝鮮→増野原	森 武磨・齊藤 俊江・向山 敦子	〃
126	寺沢 ツギ	水曲柳開拓団→ 増野原	〃	〃
127	寺沢テツコ	水曲柳開拓団→ 増野原	〃	〃
128	寺沢 幸男	水曲柳開拓団→ 増野原	〃	〃
129	中平 義人	航空隊→ 増野原	〃	〃
130	仲田 武司	水曲柳開拓団→ 増野原	森 武磨ゼミ・向山 敦子	2012.7.28
131	仲田 保	水曲柳開拓団→ 増野原	森 武磨・齊藤 俊江・向山 敦子	〃
	静岡県西富士	戦後 西富士長野開拓団		
132	伊藤 丹	開拓二世	森 武磨・齊藤 俊江・向山 敦子	2006.9.7, 9.8
133	植竹一男	開拓一世		
134	植竹 繁	開拓二世		
135	熊谷幸一	開拓一世		
136	熊谷雅年	開拓一世		
137	佐々木睦	開拓一世		
138	城田智信	開拓二世		
139	城田安男	開拓一世		
140	関内寿直	開拓一世		
141	中島金伍	開拓一世		
142	中島冨治	開拓一世		
143	中島直人	開拓一世		
144	畑 尚志	研究者		
145	松下克己	開拓二世		
146	三浦俊高	開拓一世		
147	村沢英男	開拓二世		
148	山上 光	開拓二世		
149	山下兼文	開拓二世		
150	脇坂治長	開拓二世		

《資料》表 1　長野県行政満洲開拓年表

年	月　日	出来事
1922 年 （大正 11）	1 月 29 日	信濃海外協会設立。総裁岡田忠彦知事、副総裁信濃教育会会長佐藤寅太郎、委員永田稠ほか、アリアンサ移住、雑誌『海の外』発刊開始。
1927 年 （昭和 2）		加藤完治茨城県に日本国民高等学校を開設。
1928 年 （昭和 3）	3 月 15 日	3・15 事件、県下初の治安維持法適用、県内で 70 人検挙。
	4 月	全国町村長会会長福沢泰江（赤穂村長）就任 3・15 事件関係者排除の声明発表。
1929 年 （昭和 4）	6 月 21 日	信濃教育会館落成、教育調査部・教育参考室部・編纂部・研究部・講習講演部・満蒙研究室部を設ける。
1930 年 （昭和 5）	5 月	生糸価格大暴落、以後も続く。
1931 年 （昭和 6）	9 月 18 日	満洲事変「中華民国は、その暴慢非礼、愈々増長し遂に満洲事変を惹起するに至り」と県会は慰問状を発送。
	11 月 21 日	長野市の教育会・在郷軍人会・連合青年会など「満蒙ハ帝国ノ生命線ナリ」の宣言を出す。
	12 月 21 日	県は県連合青年会に対し補助金の廃止を通牒。
1932 年 （昭和 7）	1 月	東京長野県人会総会で満蒙調査会を設立。会長今井五介は満蒙調査員に永田稠ほか 3 人を選び満洲視察調査に入る。
	2 月 26 日	和合恒男の瑞穂精舎、松本で第 2 回日本農民協会大会を開催、加藤完治講演 3 箇条の決議をする。
	3 月 1 日	「満洲国」建国。
	3 月 12 日	信濃新聞主筆桐生悠々新聞紙上で「満洲は豚の棲む穢土」とし集団移民を「人間的・文化的・文明的」に意義あるものと発表した。
	3 月 28 日	「満洲愛国信濃村建設趣旨」建設委員長に知事石垣倉治。建設委員に県会・農会・信濃教育会・町村長会・市長・産業組合・信濃海外協会などを決定。
	4 月	産業組合上小支部、満蒙移住研究創立大会を開き、財閥を排し産業組合が移民を行うと宣言。
	4 月 26 日	三井・三菱両財団の満洲国に対する 2000 万円の特別融資契約調印。
	5 月	信濃教育会、満蒙研究調査委員を設け、満洲視察を開始する。
	5 月 15 日	陸軍将校ら、首相官邸などを襲い、犬養首相を射殺 5・15 事件。
	7 月 23 日	信州郷軍同士会結成。本部松本。国際聯盟脱退の運動をする。
	8 月 1 日	信濃海外協会総裁（知事）、満洲の愛國信濃村建設資金募集を始める。全県下 1 戸 35 銭ずつ。成果あがらず。『青木時報』136 号で「満蒙へ信濃村建設は如何なる意図のもとに行はれるのであるか」と反対文を載せる。

年	月　日	出来事
1932 年 （昭和 7）	9 月 27 日	農林省、経済更生部を新設、初代部長に諏訪郡出身の小平権一が就任。
	10 月 3 日	第 1 次満洲武装移民出発。全国で 423 人、県内から 38 人、下伊那から 3 人、弥栄村、千振村、瑞穂村、哈達河村など。
	12 月	県、農村漁村経済更生計画樹立につき協議。以後満洲移民計画を盛り込む。
1933 年 （昭和 8）	2 月 4 日	治安維持法違反容疑で 6 月 24 日までに 608 人検挙。全農・全協・教労など県下の社会主義的組織が壊滅状態になる 2・4 事件。
	9 月	「長野県青年代表満鮮視察」開始、以後年 1 回ずつ。
	10 月 21 日	首・蔵・陸・海・外五相会議、満洲国の育成など国策大綱を決定。
	12 月	信濃教育会、満蒙研究室を設置し、満洲移民の送出助成、視察員の派遣、講習・講演会などを進める。
1934 年 （昭和 9）	7 月 5 日	御牧原修練農場の設置。
	9 月 24 日	全国初、長野県から開拓花嫁 20 人が弥栄村へ入植、以後開拓花嫁が続く。
	10 月 8 日	満洲国軍事顧問東宮鉄男、少年武装移民の饒河少年隊 13 人を連れ満洲へ入植。県内からは須坂の小林富雄が参加。以後続く。
1935 年 （昭和 10）	6 月 29 日	県、拓務省・信濃海外協会などと移植民協議会を開催。満洲移民第 1 期 10 ヵ年計画を立てる。
	8 月	信濃教育会満蒙研究調査委員会『信濃教育』に移植民教育実施方針を発表。『満洲農業移民』『満洲読本』を刊行する。
	8 月 19 日	県は 16 ヵ所に経済部出張所をおき、経済更生計画推進をはかる。
1936 年 （昭和 11）	3 月	県「満洲信濃村建設要項」で 5 年間に 1200 戸を入植させる計画を拓務省に提出。満洲開拓、広田内閣で国策に決定。20 年間に 100 万戸、500 万人の移民を計画。
	3 月 13 日	更級農業学校を改組し更級農業拓殖学校を設立。
	4 月	知事（近藤駿介）県下市町村に、毎年 200 家族入植計画の実現をうながす。
	6 月 11 日	県学務部長市町村長に満洲信濃村 200 戸募集の要綱を通牒する。
	8 月	長野県単独開拓団入植始まる。黒台信濃村開拓団、村の中央部の丘に木曽檜で社殿を造営、満洲諏訪神社を創建。
	10 月 4 日	黒台信濃村 699 人の応募者の中から 216 人を選考し入植させる。送出母体長野県。中和鎮信濃村を入植させる。
	11 月 22 日	拓務省満蒙開拓青少年義勇軍の制度を創設。以後大々的に募集がはじまる。
	11 月 24 日	県、国の第 1 期 5 ヵ年 10 万戸移民計画を受け、経済更生の困難な町村に 1 町村 1 部落を建設する要綱をつくる。
1937 年 （昭和 12）	1 月	松島親造「満洲農業自由移民指導要領（案）」を発表。

年	月　日	出来事
1937 年 (昭和 12)	3 月 11 日	松島自由移民、飯田から 40 人出発。以後各地から渡満。
	7 月 4 日	南佐久郡大日向村分村先遣隊出発。本体は 1938 年 2 月 19 日出発。
1938 年 (昭和 13)	3 月 23 日	第 1 次満蒙青少年開拓青少年義勇軍先遣隊の内原訓練所入所者 511 人の壮行会、長野市城山で開催される。この年 1300 人が内原へ入所。
	3 月 27 日	全国水平社県連合会、創立 15 周年大会で国策遂行・満洲移民などを決定。
	4 月 8 日	県ブロック分村計画促進協議会を県内 31 会場で開催。
	7 月	諏訪郡富士見村分村・下伊那郡泰阜村分村第 1 次先遣隊出発。
	8 月 8 日	県ブロック分村計画を立て、郡下町村単位の分郷開拓団を推進する。 信濃教育会の満蒙研究室、東亜研究室と改称。
1939 年 (昭和 14)	2 月	波田村、瑞穂精舎の後押しで青少年義勇軍に 31 人を送出。
	11 月	前進座の河原崎長十郎ら、大日向村の満洲分村を劇化し「大日向村」を公演する。
	12 月	県、満蒙開拓青少年義勇軍中隊幹部を選考、訓練を実施。
1940 年 (昭和 15)	2 月	拓務省、長野県の農業移民 2050 人割当発表。
	4 月	県、師範学校本科第 2 部に、特別学級大陸科をおく。 豊田四郎監督映画「大日向村」が製作される。
	6 月	県は分村指導嘱託員の設置を通牒。開拓団員の募集、送出、負債整理などを行うとし、手当 1 人月 20 円を出すとした。
	7 月 22 日	県、桔梗ケ原女子拓務訓練所設立、国内最初の青少年義勇軍・農業開拓団員の配偶者目的のため設立。
	8 月 24 日 ～9 月 13 日	愛国婦人会長野支部は、婦人満洲移住地視察団を 23 人送る。
	11 月～	各地で高等科 2 年生男子希望者に対する 3 泊 4 日の拓植訓練が行われる。県下 14 会場、主に農学校。この年全県で 1220 人受講、以後 1944 年まで毎年続く。
1941 年 (昭和 16)	1 月 31 日	県、学務部に拓務課を新設。初代課長 西沢権一郎（農政課長兼任）
	4 月	県、満蒙開拓第 2 期 5 ヵ年計画を立て、開拓民 1 万戸・大陸帰農 3500 戸・義勇軍 6000 人を目標とする。
	8 月	県内小学校男子教員に対する拓務講習を八ケ岳修練農場で行う。
	10 月	女子教職員拓植訓練講習会を県立桔梗ケ原女子拓務訓練所で行う。
	11 月 7 日	信濃教育会「興亜教育大会」として臨時総会を松本で開く。
1942 年 (昭和 17)	4 月	県下青少年義勇軍送出数、皇国民錬成教育と教師の勧誘で、全国第 1 位の 4768 人に達する。

年	月　日	出来事
1943 年 (昭和 18)	4 月 12 日	郡山知事、全国地方長官会議で天皇に県出身満洲開拓民の状況を奉答する。知事は天皇から満洲開拓移民について下問を受け、県民に告諭を出す。県下と開拓団に伝達する。 この当時県送出の開拓団は 58・約 7000 戸・2 万 2 千人、義勇隊は約 5800 人で共に全国 1 位を占める。
	4 月 17 日	農業会による報国農場への派遣。
	8 月 18 日	国の開拓特別指導郡の指定を下伊那郡がうける。全国で 12 地域。
	12 月 12 日	県、満洲国新京特別市に、県満洲開拓事務所を開設（全国初）。
	年末	関東軍内戦作戦で満洲の 3 分の 2 を放棄計画。
1944 年 (昭和 19)	4 月	信濃海外協会が解散し、長野県開拓協会が設立。 『海の外』が『信濃開拓時報』へ改称。
1945 年 (昭和 20)	5 月	開拓団員の男子 18 歳～ 45 歳までは根こそぎ召集となる。
	8 月 9 日	ソ連軍満洲へ侵攻。 県出身の開拓団、義勇軍・勤労奉仕隊など、団ごとに学校などに集結、逃避行がはじまる。
	8 月末	高社郷・水曲柳開拓団・河野分村などで集団自決をはかる。ソ連軍兵士、女性を要求。逃避行の末桃山小学校などの収容所に入る。栄養失調、伝染病で死亡者続出。
1946 年 (昭和 21)	9 月頃から	胡蘆島から引揚げが始まる。 中国人に預けた、残留孤児・残留婦人ができる。 引揚者の一部は県庁、善光寺に報告。県・町・村・地域の対応は様々。
	10 月 19 日	長野県開拓民自興会を帰国者のなかで結成。
1945 年～ 1983 年		県内帰国者 16949 人、未帰還者 16043 人（内訳死亡 14940 人・残留 890 人・不明 213 人）。
1946 年～		国は 5 ヵ年計画で 100 万戸の自作農家を作るため、緊急開拓計画を樹立。戦後開拓に入る。 県・郡もそれに従い、郡内県内の開拓適性地調査に入り、開拓不能な土地にも入植させる。県外では北海道から九州まで再開拓に。成功したところはごくわずか。下伊那から県外へ 590 戸。
1984 年 (昭和 59)		長野県開拓民自興会・満洲開拓史刊行会『長野県満州開拓史　総編・各団編・名簿編』を発行。

『長野県史　通史編別巻』（長野県史刊行会、1992 年）、『長野県満洲開拓史　総編』（1984 年）他より作成。

《資料》表 2　飯田下伊那満洲開拓関係年表

1.　移民送出胎動期　1917 年〜 1935 年

年	月　日	出来事
1917 年 (大正 6)	9 月 27 日〜 10 月 26 日	鮮支旅行　下伊那支那実業団視察 22 名。
1922 年 (大正 11)		信濃海外協会設立。総裁・県知事、副総裁・信濃教育会会長。 アリアンサ移住を推進。
1929 年 (昭和 4)		世界恐慌による繭価暴落。農村疲弊。
1931 年 (昭和 6)	8 月 27 日	下伊那で猶興社を解消し愛國勤労党南信支部を結成。幹部に中原謹司・座光寺久男を選ぶ。
	10 月	中原謹司県会議員当選。
	11 月	中原謹司、南信国民大会を飯田劇場にて開催。決議文「国論ヲ喚起シ満蒙国策ヲ断行シテ世界ニ大義ヲ敷クベシ」「国際聯盟を脱退すべし」と講演。
1932 年 (昭和 7)	3 月 1 日	満洲国建国。
	8 月 1 日	満洲愛国信濃村建設資金募集。県全体で 10 万円、1 戸平均 35 銭。
	8 月 9 日	信濃教育会主催満洲視察開始。
	10 月 14 日	第 1 次武装移民出発。下伊那（河野・龍江・上久堅村）から 3 人出発。 農村経済更生計画 2 年後には県下一の 85％が樹立。
1933 年 (昭和 8)	2 月 4 日	治安維持法違反事件、下伊那地域の社会主義思想壊滅。
1934 年 (昭和 9)	8 月 29 日〜 9 月 18 日	信濃教育会主催満洲移民地視察　飯田中学校長小山保雄参加。
	9 月 26 日	最初の開拓花嫁、県内から 20 人、内河野村から 3 人渡満、弥栄村へ。

2. 移民送出の最盛期　1936年〜1940年

年	月　日	出来事
1936年 (昭和11)		各村で「時報」「村報」発行。紙上で満洲開拓を推奨。
		広田内閣が満洲移民を国策として20年間に100万戸500万人の送出を決定。
	3月11日	松島自由移民40人壮行会・飯田駅出発→吉林省、水曲柳1095人（最終人数）。
	4月30日	「少年満洲農業移民募集ノ件」学務部長名で通達。
1937年 (昭和12)	6月12日	青少年義勇隊下伊那から出発。
	7月28日	県、満洲開拓青少年移民募集義勇軍割当発表。 下伊那　1938年286人、1939年260人。
	11月	青少年義勇軍近衛内閣で創設。
1938年 (昭和13)	3月	県単独開拓団創設。中和鎮信濃村開拓団入植。送出母体、長野県。
	3月23日	義勇軍内原訓練所入所（先遣隊）県全体510人。義勇軍割当、飯田下伊那290人。
	4月5日	川路村 村民大会で分村移民を決定。
	5月15日 〜6月7日	下伊那町村長会主催で各村長が満洲移民実況視察。帰国後羽生三七など拓務省、農林省へ長野県の割当数の増員を要望。
1939年 (昭和14)	2月	満蒙開拓女子修練所開催。上久堅・千代・泰阜・川路の各小学校にて。
	2月11日	川路村分村315人・泰阜村分村1054人・下伊那郷961人、入植式。
	3月1日	千代村分村464人・上久堅村分村789人入植式。 分村した村には補助金・助成金が支給される。義勇軍割当280人。
	4月10日	「商工業労務者移民について」経済部下伊那出張所長より各村長に伝達。
1940年 (昭和15)		政府内では満洲開拓政策の失策論が出る。労働力不足による食糧生産力が低下。
	11月27日 〜30日	青少年義勇軍の拓殖講習会下伊那農学校にて開催、受講生181人。 以後毎年開催。

3.　太平洋戦時下での移民送出困難期　1946年〜1945年

年	月　日	出来事
1941年 （昭和16）	12月8日	太平洋戦争宣戦布告。
1942年 （昭和17）	1月6日	満洲開拓第2期5ヵ年計画要項発表。 今後の割当て数：下伊那郡2280人、飯田市400人。
	8月18日	国の開拓特別指導郡の指定を下伊那郡がうける。全国で12地域。
1943年 （昭和18）	3月31日	東横林南信濃郷開拓団入植式486人。送出母体　智里・清内路・浪合・平谷村。
	4月12日	松尾村議会で「満洲開拓単村分村実施ノ件」を村長より提案。〈更に猶調査ノ要アルヲ以ッテ一時保留トイタス〉となり、現地視察のため8月22日から松尾村主催、満洲開拓調査視察団18人、内女性2人が出発。
	4月30日	濃々河飯田郷開拓団入植式110人。
	9月30日	標準農村の指定を受け皇国農村設立に入る。全国で303村、下伊那郡内では上郷村、山本村、河野村が指定される。助成金など支給あり。 下伊那開拓館設立（飯田市江戸町）。
1944年 （昭和19）	3月29日	下伊那報国農場28人入植。送出母体、下伊那町村長会、食糧増産のため。
	4月1日	阿智郷開拓団入植式196人。送出母体、会地・伍加・山本村。
1944年 （昭和19）	8月13日	石碑嶺河野村分村入植式95人。送出母体、河野村。
1945年 （昭和20）	5月1日	阿智郷家族出発。20日前後入植地到着。
	7月	開拓民に18歳〜45歳までの男子召集相次ぐ。
	8月9日	ソ連軍侵入。逃避行はじまる。
	8月15日	終戦。
	8月16日	河野村開拓団・水曲柳開拓団など集団自決。
1946年 （昭和21）	秋	満州移民の引揚げはじまる。→1953年 残留孤児・残留婦人の発生。

『長野県満州開拓史　総編・各団編・名簿編』（1984年）、『満州移民——飯田下伊那からのメッセージ』（2007年）などより作成。

《資料》表3　下伊那郡戦後開拓県外入植者

No	開拓組合名	入植者		入植前歴		
		戸数	家族数	満洲開拓	義勇軍	軍人
1	北海道　下伊那開拓組合	4	12	3		
2	北海道　植坂開拓組合	39	125	20		
3	北海道　弥生開拓組合天龍班	3	9		3	
4	岩手県　平山開拓組合	10	23	3		
5	岩手県　盆花開拓組合	9	13		4	
6	岩手県　八種開拓組合	5	7	4	1	
7	岩手県　上郷開拓組合	45	106	23	3	
8	岩手県　区界開拓組合	15	29	2		1
9	福島県　松島共栄酪農開拓組合	7	23	2		
10	福島県　西郷開拓農業協同組合南大窪組合	9		2		
11	茨城県　新生開拓農業協同組合	11	45	7		
12	茨城県　新宮開拓農業協同組合	19	67	16		
13	茨城県　堅倉開拓農業協同組合	20	71	20		
14	茨城県　吾妻原開拓農業協同組合	10	34	8		
15	茨城県　小角開拓農業協同組合	8	25	8		
16	茨城県　河和田開拓農業協同組合	5	22	4		
17	茨城県　弓馬田開拓農業協同組合	11	45	8	1	
18	茨城県　向原開拓農業協同組合	15	34	11		
19	茨城県　大塚開拓農業協同組合	4	10			
20	茨城県　君原開拓農業協同組合	13	39	11	1	
21	茨城県　奥野開拓農業協同組合	21	49	16	5	
22	茨城県　八原千代開拓農業協同組合	12	18	4	2	
23	茨城県　笠師開拓帰農組合	5	11	3	1	1
24	茨城県　武田開拓農業協同組合	5	10	1	1	
25	茨城県　都和開拓農業協同組合	6	29	6		

1950 年 11 月現在

入植前歴		出身村・戸数
農業	その他不明	
1		市田2　神稲1　下久堅1
16	3	千代23　川路6　泰阜3　竜丘2　龍江3　三穂1　伊賀良1
		松尾2　喬木1
2	5	上郷2　龍江2　喬木2　神稲1　上久堅1　座光寺1　千代1
2	3	龍江2　市田2　神稲2　喬木1　下久堅1　川路1
		清内路4　神稲1
9	10	上郷45
8	4	喬木13　清内路2
4	1	上久堅4　松尾1　下久堅1　伊賀良1
7		龍江1　竜丘2　不明6
	4	伊賀良3　川路2　市田1　河野1　竜丘3　龍江1
2	1	上久堅10　座光寺1　平岡2　千代2　龍江3　上郷1
		市田3　上久堅5　松尾2　喬木3　智里2　竜丘2　川路1　北海道1　不明1
	2	清内路5　生田3　智里1　竜丘1
		生田4　清内路3　神稲1
	1	喬木1　松尾2　平岡1　押原1
	2	智里7　喬木1　伊賀良2　下久堅1
	4	松尾13　河野1　竜丘1
2	2	清内路4
1		泰阜村13
		下久堅1　大島1　喬木1　千代8　富草1　鼎1　山本1　松尾2　市田1　神稲1　神原1　大下条1　座光寺1
5	1	千代12
		伊賀良4　神稲1
2	1	千代5
		龍江3　喬木2　下久堅1

No	開拓組合名	入植者		入植前歴		
		戸数	家族数	満洲開拓	義勇軍	軍人
26	茨城県　平須沼開拓農業協同組合	7	7	6	1	
27	千葉県　上志津開拓組合	5	22	5		
28	神奈川県　光開拓農業協同組合	10	45	6		
29	山梨県　富士ヶ嶺開拓農業協同組合	53	120	38		
30	静岡県　西富士長野開拓組合	126	219		22	15
31	愛知県　駒ヶ原開拓農業協同組合	4	4	1		
32	愛知県　栄開拓農業協同組合	16	33	3	1	1
33	愛知県　伊保原開拓農業協同組合	20	59	2	2	1
34	愛知県　高豊開拓農業協同組合	9	32	9		
35	大分県　天堤開拓組合	10	16	8		
36	宮崎県　川南開拓農業協同組合赤石小組合	6	19			5
37	宮崎県　加久藤開拓農業協同組合新生小組合	7	18	2	1	3
38	宮崎県　茶臼原開拓農業協同組合	6	6			5
	計	590	1456	262	49	32

入植前歴		出身村・戸数
農業	その他不明	
		清内路 7
		泰阜村 5
	4	木沢 3　飯田 6　千代 1
15		泰阜村 37　喬木 8　市田 1　智里 2　伊賀良 2　鼎 1　富草 1　竜丘 1
54	35	大下条 82　下条 10　和合 10　市田 2　竜丘 2　千代 2　平岡 2　山本 2　旦開 1 上郷 1　富草 5　伊賀良 1　売木 1　下久堅 1　神原 1　座光寺 1　大鹿 1　飯田
2	1	泰阜村 4
9	2	旦開 15　富草 1
3	12	旦開 20
		生田 4　平岡 3　河野 1　上郷 1
	2	飯田 2　伍加 1　川路 2　山吹 1　竜丘 1　智里 1　木沢 1　上郷 1
	1	下久堅 2　座光寺 1　松尾 2　上久堅 1
	1	智里 3　龍江 2　鼎 1　旦開 1
	1	泰阜村 6
144	103	

『下伊那開拓五周年記念誌』（下伊那地方事務所農地課編、下伊那緊急開拓者後援会、1950 年）開拓者名簿より作成。

〈資料所蔵・連絡先〉

飯田市歴史研究所

〒 395-0803　長野県飯田市鼎下山 538　　　　電話 0265-53-4670

飯田市立中央図書館

〒 395-0034　長野県飯田市追手町 2 丁目 677-3　　電話 0265-22-0706

下伊那教育会館

〒 395-0021　長野県飯田市仲ノ町 303　　　　電話 0265-52-0808

松川町資料館

〒 399-3303　長野県下伊那郡松川町元大島 3720　電話 0265-34-0733

満蒙開拓平和記念館

〒 395-0303　長野県下伊那郡阿智村駒場 711-10　電話 0265-43-5580

熊谷元一写真童画館

〒 395-0304　長野県下伊那郡阿智村智里 331-1　　電話 0265-43-4422

上記に含まれない飯田下伊那関係機関は各役場へご連絡ください。

あとがきにかえて

私の満洲移民研究

　日中戦争が始まった 1937 年 7 月 7 日は私が生まれた月です。長野県下伊那郡伊賀良村上殿岡（現 飯田市、中央自動車道飯田インター側）の村内は平坦地の農村地帯でした。当時、上殿岡にあった 66 戸のうち 14％にあたる 8 戸（村平均 3％）が、松島自由移民開拓団へ渡満したという特殊な歴史を持っています。

　私の家は 0.8ha ほどの自作農の専業農家でした。父は戦争が始まると召集され、母は夏蚕の桑取りを畑を這って一人でやったと言っていました。そのためなのか母乳は出ず、私は病弱で育たないだろうと言われていました。父親は時折休暇で帰国しましたが、1947 年 5 月シベリア抑留を経て帰国してきました。

　私は 5 人姉妹の 3 女で肺炎を繰り返す小学生でしたが、担任で算数が得意な浜島達治先生が毎朝読んでくれる童話が楽しみでした。その一冊に宮下正美著『山をゆく歌』がありました。伊那山脈を登山する少年の印象深い童話でした。中学 2 年の 11 月に急性腎炎で 3 ヵ月間絶対安静の生活となりました。病床では朝配達される新聞を待ちわび、1 面から広告まで読みました。舟橋聖一、川口松太郎の新聞小説を読み、高倉テル著『ハコネ用水』など姉の借りて来てくれる本の乱読をしていました。パール・バック著『大地』では中国の広野をバッタの大群が攻めてくる場面が今でも鮮明に目に浮かびます。

　世界文学に目覚めたのは高校に入ってからで、クラブは外国文学班。カミュに魅せられ『異邦人』は解らないのに何回も読み、デュ・ガール著『チボー家の人々』やショーロホフ著『静かなるドン』に夢中でした。

　1959 年 22 歳になった私は待望の飯田図書館へ就職しました。当時は安保条約改定問題で国内は騒然とし、飯田でも毎晩のようにあちらこちらで集会が開かれ、文学作品を読んでいた私は軽蔑されるような雰囲気でした。青年たちや労働組合で学習会・読書会・うたごえ運動が開かれ、私も誘われていくつかの読書会に参加するようにな

りました。井上清著『日本女性史』、ノーマン著『日本における近代国家の成立』、長谷川正安著『日本の憲法』、渡辺洋三著『法というものの考え方』など、社会科学系の本を読み感想を述べ合う、仕事と個人的な勉強と区別ができない生活でした。

　当時の私の日記　1960年6月15日。

　　　安保反対の全学連主流派が国会へ乱入し女学生一人死亡。なんたる国家か。私は学生
　　に賛成、自分の国のために戦い、自国の警察に殺されるとは、考えただけでもはらがたって
　　くる。

と同年代の樺美智子さんが殺された悔しさをなぐり書きしていました。ただ私は飯田の街のデモ行進について歩く程度でしたが。新安保条約は批准され、反対運動は挫折しました。私も読書会で知り合った人と結婚し、子ども二人を育てながら勤めを続けました。結婚の条件に職業婦人となる約束をしていました。

　図書館司書の仕事は本を貸し出すばかりではなく、多岐にわたり、子どもや婦人への読書推進、レファレンスなど市民の文化的要望に応えることが要求されていました。それに加え、県外など遠くから見える研究者からの資料請求を通して、研究の方法や資料収集を学ぶことができる大切な職場でした。

　下伊那郡泰阜村北小学校教師清水祐三氏の授業用資料「泰阜村の満州移民」作成時に請求された資料、小林弘二著『満州移民の村——信州泰阜村の昭和史』（筑摩書房、1977年）は歴史分析に圧倒され、「満洲移民」が気になったものです。

　私に歴史への道を開いてくれたのは、1982年改築したばかりの飯田図書館で開くようになった「飯田歴史大学」です。明治大学の後藤総一郎教授（政治経済学部）の講義を毎月1回土曜日の夕方3時間、10年間受講しました。全体の内容は「日本と伊那谷の近代史を結び探る　近代伊那思想史研究」でした。1年間の受講料1万円、最初の年は150名の受講生でした。飯田には大学がなかったため、専門家の講義を聞けることに期待が集まったのです。後藤教授は学生時代安保反対闘争をして挫折し、これは常民が歴史を学ばなければ日本はよくならないと考えて、各地で飯田歴史大学のような歴史・思想史の講座を開くといわれました。

　明治・大正・昭和期の思想史の講義があり、記念講演には色川大吉氏、鶴見和子氏などもお見えになりました。

　そのうちに後藤教授から、自分でもテーマを持って研究しなさい、と受講生たちにたびたび言われました。

　10年後「飯田歴史大学」から「柳田国男研究会」に移るとき『地域を拓く学び──飯田歴史大学十年の歩み』を1992年に飯田歴史大学で発行しました。その中に会員投稿「私と歴史大学」があります。私はそこに満洲移民の研究をする、村ごとに調べ、現存する方々のお話をお聞きしたいと書いていました。

　その間飯田下伊那地方の雑誌『伊那』1990年2月号に「下伊那地方の満州移民について」という村別渡満者数を調べ、簡単な文章を添えて載せました。当時まだ伊那谷では公に満洲移民の話は出しにくく、満洲からの引揚者を扱う下伊那地方事務所厚生課の職員が驚いて記事をコピーしに図書館へ来ました。私にとっても驚きでした。しかしその後10年間満洲移民研究はすすみませんでした。図書館蔵書をコンピュータ化するために多忙だったからです。

　1998年3月定年で図書館を退職した私は、翌日から「飯田市誌編さん室」へ勤務することになりました。毎日近現代担当者2人で近現代の資料を借り受け、市誌編さんに必要な資料をコピーする仕事で、これを4年間続けたのです。多くは町村合併前（1956年）の各役場の文書です。いろいろな文書を収集しました。そのなかに満洲開拓関係の文書綴もありましたが、明らかにそれらの資料は廃棄されたと思われる役場もありました。残されていた文書は県や国からの通知、満洲の宣伝パンフレット、村長から県や拓務省への推薦状や上申書などです。

　村長は送出人数の割当がくると、推薦状まで書いて送り出します。その家族全員が亡くなったという戦後の記録もあり、その方々のお名前が私の目の前から消えませんでした。村々に残されていた『時報』『村報』も勧誘のものばかりでした。

　こうした文書を見るたび、なぜ多くの人が「素晴らしいという満洲」に送られ、そしてその半分の人は亡くなってしまったのか、疑問は深まるばかりでした。

　そんなとき2002年3月に出会ったのが満洲移民を研究していた蘭信三氏（当時京都大学助教授）と、引揚者の生活支援をしていた長沼計司氏（当時飯田日中友好協会理事長）でした。三人は満洲開拓から帰還した方から話を聞いて、それを記録として残しておくことを相談しました。そして飯田下伊那の満洲帰国者から聞き取りをする会「満蒙開拓を語りつぐ会」を結成しました。結成当時の会員は21名、研修を終え、聞

き取りが始まりました。

　帰国者の記憶は 60 年たっても鮮明でした。特に敗戦により逃避行した記憶、中国人に助けられて生きのびた記憶、両親を亡くして子どもだけで帰国した話、帰国したけれども受け入れてくれなかった親族など、語られる話の内容は想像とはまったく違っていました。

　満 14 歳で青少年義勇隊に行った何人もの方からお話しをお聞きしました。親の反対を押し切っていった人、満洲の訓練所で亡くなった２人の友人を農場で薪を組み火をつけて焼いたこと、お腹がすくので現地人をだまして饅頭などをとった話、今も加藤完治氏（満蒙開拓青少年義勇軍内原訓練所長）に心酔している人、助けていただいた中国人と交流している人など、この年齢でこんな体験をしてきたのかと驚きました。また私自身は、オーラルヒストリー（聞き取り）と言う新しい研究方法を学びました。

　市史編さん室は 2003 年「飯田市歴史研究所」に移行し、資料収集と同時に研究機関となりました。所長に吉田伸之氏（当時東京大学文学部教授）が着任し、満洲移民研究として「満蒙開拓を語りつぐ会」が聞き取りをした記録を、報告書という形で歴史研究所で印刷費を負担、出版してくれることになりました。書名は『下伊那のなかの満洲　聞き書き報告集』です。毎年１冊ずつ 10 集まで刊行しました。本は飯田下伊那の学校などへ寄贈し、残りは一般市民などに販売しました。

　報告集を出すことにより満洲移民の実態と、それを送り出した地域のあり方が会員や多くの市民の方たちの共通認識となり、広がっていきました。

　私がこの聞き取りを通して感動したのは語ってくれた方々の姿勢です。自分が体験したこの辛苦を黙ったまま生涯を終えるのではなく、次の世代の人たちに知ってもらい、平和な社会を築いてほしいという願いでした。最後に、戦争をしてはいかん、と結ぶ方が多かったのです。報告集が出るたびに出版記念会を開き、語り手に参加していただきましたが、その時の晴れがましいお顔は、想いを語れてよかったという表れでしょう。

　もう一つの感動は、語りつぐ会の会員の情熱です。聞き取りを始める前に、語り手にあいさつに行き、顔見知りになること。本番は２～３回訪問し、テープをとりながらお話しをお聞きしました。その後のテープ起こしの作業が大変です。貴重な語りをわずかでも起こしもらさないため、細心の注意をはらいます。それを編集して語り手に見てもらい、修正する。これが一連の作業ですが、報告集に載せるためには、さら

に挿入写真の決定、会員による数回の編集委員会を経て印刷会社へ回します。それから２回の校正が必要になります。これは会員がご自分の仕事時間を割いて行います。だれの指示でもなく、お金を貰うでもなく、みんなが集まってきて聞き取りの様子を話し合う。こうした情熱は、語り手の話に突き動かされ、この記憶を残さなければという気持ちに掻き立てられるからだと思います。

　そして聞き取りを終えてから私の脳裏をかすめるのは、役場文書に書かれた移民者の名簿です。あの人たちの中の半分は満洲で命を落とし、こうして語ることもできず、名前さえ残されず、またふるさとの墓にも入れずにいる人がいます。そうした人たちの無念さが伝わってくるのです。

　満洲からせっかく帰国したのに再び長野県外へ開拓に出た方々（戦後開拓者）もいました。そういう国内の開拓地に森武麿先生、向山敦子さんと齊藤の３人で行き、聞き取りを含めた現状調査をしました。岩手・茨城・山梨・静岡・愛知・長野県増野原です。ここに入った方々はみな、満洲と違って本当の開拓だったと語り、開墾した土はどこも酸性が強く、農作物が取れなかったと語られました。戦後の緊急政策の誤りがまたもや浮かびあがりました。しかし私たちの行ったところは開拓に成功したところです。多くの戦後開拓者はやむなく開拓地から引き揚げた人が多かったのです。その中の一人関島興造さんの北海道十勝足寄の開拓は、食べ物もなく、親は一家心中を考えていたと語っていました。また福島県へ入り、東日本大震災の原発事故で田畑・家・山、牛を奪われ、６年間避難生活をしていた岩間政金さんの話を聞き、葛尾村の山奥へ一人おいてくるのがせつなく、飯田へ連れて帰りたい衝動にかられました。

　戦後開拓の調査は、開拓地で生きていくことや食糧生産と農業政策のあり方に一段と疑問を持つことになりました。

　満洲開拓と戦後開拓の聞き取りを通して見えたことは、農村の人口密度が高いからと満洲へ送られ、敗戦によって開拓地から追い出され、帰国しても故郷に戻れなかった人たちは、３度の棄民に合った人たちです。もちろん満洲で亡くなられた方たちは２度の棄民で命を落としたのです。今の私たちの生活はこうした「棄民された人々」にも支えられ、成り立っていると思わなければならないのです。

　聞き取りだけでなく、胡桃澤盛氏の日記の提供を上山和雄氏（当時國學院大学教授）と、胡桃澤家で受けたときの感動は忘れることができません。日記を寄贈した健氏は

盛氏の長男です。満洲へ河野分村として村民を送り出した父親は村長として自決しました。その時健氏は9歳で葬儀の時は喪主をしています。健氏は日記を歴史資料として利用していただければと寄贈されましたが、父親の哀しかった魂を世に出してあげたい気持ちだったのかもしれません。私は「私用日記」と「村長日誌」を読み進めるなかで次のことを読み取りました。

　盛村長が1944年3月に先遣隊を連れて満洲の河野分村予定地へ行き、帰国してから一ヵ月間体調が悪く役場へ行けませんでした。満洲へ本隊が出発するときも家で寝ていて、日記には何も書かれていません。河野分村が8月13日入所式をしていることは解っていても、その日の日記には「（役場へ）出勤。（親戚へ）新盆見舞いに行く」と短文でしか書いていません。先遣隊を連れて行ったときに、朝鮮や現地の人の日本人をみる目が違うことを察知し、分村したことは間違っていたのではないかと思ったに違いありません。分村決定前に「現地の人とうまくやっていけるのだろうか」とその危惧を日記に書いていますが、送り出した以上、文字にも書けず心の中に伏せていたのだと考えられます。敗戦後その想いが浮き上がり、自決につながったのではないでしょうか。盛氏も国策の誤りの犠牲者です。この日記は満洲移民研究だけではなく、20世紀前半戦争の時代を生きた農村社会の歴史をも残したのだと思います。

　文字や聞き取りだけでなく、写真からも多くの満洲移民を理解させてもらいました。広大な満洲ハルビンの繁華街はもちろんですが、最初の移民「弥栄開拓団長野屯」は敗戦後帰国した時、長野県庁と善光寺を訪れています。善光寺山門前では、疲れ切った子どもも含めて記念写真を撮っています。この写真は何を語っているのでしょうか。一種の安堵と抗議を表しているのではないでしょうか。この後の生活は満洲より大変だったことでしょう。

　私が満洲移民の研究成果を論文に出せたのは2004年が初めてです。表題は「下伊那の満州移民送出過程」で『飯田市歴史研究所年報1』に掲載されました。研究はまだまだ未熟で、当時の地域社会、送り出した経済的要因、思想的要因、村別の状況の概略しか書いていません。しかし当時の飯田高校の校長三浦宏氏（地理学）はよく書いてくれた、と閉鎖する地域での発表を喜んでくれました。現在でも内容は違っているとは思いませんが、さらにこれから様々な資料による分析をすることにより、なぜ下伊那が他の地域より移民者を多く送り出したのかに迫る必要があります。

　また、中村政則先生と森武麿先生（共に当時一橋大学教授）の指導で、鬼塚博氏（飯田市歴史研究所研究員）・本島和人氏（同調査研究員）と私とで『満州移民──飯田下伊那からのメッセージ』（現代史料出版発行）を2007年に出版しました。高校生から市民の方を対象に満州移民について解りやすく書いたつもりです。この本はこれからの社会を担っていく人たちのために新しく集まった資料を含めて、新しくつくりなおすことが必要だと感じています。

　こうした様々な研究を通して、満洲移民国策の矛盾、だれも責任を取らなかった開拓政策、戦後開拓政策、地域がそれを無視してきた戦後、については解明されつつあります。そして満洲移民の聞き取りをしたり、研究する人たちも増え、2013年4月の「満蒙開拓平和記念館」開館を含め、飯田下伊那地方は変わりつつあります。

編集を終えて

　飯田下伊那地方の満洲移民の歴史を解明するために、多くの人々が「満洲移民とは何だったのか」という問題に様々な角度から取り組んできました。遠くはアメリカ・中国・韓国の研究者、国内では北海道から九州に及ぶ研究者が調査研究に参加しています。また満洲移民体験者やご遺族の方々は温かい目でみまもってくださいました。

　そうした取り組みから得られた知見や情報を多くの市民やこれから研究される方々のために役立てていただこう、と本書をまとめました。

　残念なのは、戦時中満洲開拓が各新聞に毎日のように取り上げられているのに、関係記事が多すぎて、リストを作れなかったことです。これから研究される方は満洲開拓の記事ばかりではなくほかの記事も見ることで、当時の地域社会を網羅的にみてほしいと思います。そして当時のマスコミの果たした役割を読み取ってほしいと願っています。

　この冊子は果たして役に立つのだろうか、刊行することは資源の無駄ではないかと何回か挫折しそうになりました。しかし飯田市歴史研究所満洲移民研究ゼミのみなさん、森武麿先生から刊行を勧められ、リスト作りをすすめました。

　また図書・論文の出版物については、飯田市歴史研究所調査研究員本島和人さんにはご自分も満洲移民の研究をされていますので、何点もの資料をいただき励ましていただきました。上田市の小平千文さんには東信の『時報』について、下伊那との違い

を学ばせていただきました。

　下伊那教育会所蔵の青少年義勇軍資料の目録作成にあたり伊坪達郎氏作成の目録を快く提供していただきました。飯田図書館長滝本明子さん、飯田市歴史研究所の伊藤香代子さん、職員の皆さんにも資料調査で大変お世話になりました。

　目録解説にあたっては森武麿先生（一橋大学名誉教授）にご指導いただきました。

　そして編集から校正の仕事を、満洲移民のオーラルヒストリー調査で20年あまりご一緒に研究してきた、向山敦子さん、満洲移民研究ゼミの笹隈哲郎さんに何回も集まっていただき、助けていただきました。

　この他にも多くの方の助言や励ましをいただき原稿ができあがりました。

　そして原稿を飯田市歴史研究所長吉田伸之先生が添削してくださいました。

　満洲移民関係図書を何冊も出版している不二出版で発行できることになったのは、森武麿先生の紹介で社長の小林淳子さん、フリー編集者の板垣由佳さんのきめ細かな編集と、お二人の適切なアドバイスによるものでした。

　こうした方々のお力がなければ発刊できなかったと感謝し、お礼申し上げます。

　2020年4月26日　　　　　　　　　　　　　　　　　　　齊藤　俊江

一

【著者紹介】

齊藤 俊江（さいとう としえ）

1937 年長野県飯田市生まれ

1959 年〜 1998 年飯田市立中央図書館司書

1998 年〜 2018 年飯田市誌編さん室を経て飯田市歴史研究所勤務

現在　飯田市歴史研究所調査研究員

主な論文

　「下伊那地域における満洲移民の送出過程」（『飯田市歴史研究所年報 1』2003 年）

　「飯田遊廓と娼妓の生活」（シリーズ『遊郭社会 2』吉川廣文館、2014 年）

　「伊賀良村の満洲移民」（『飯田市歴史研究所年報 15』2017 年）

　「五八〇人あまりの豊丘村満洲移民」（『豊丘風土記 24 輯』豊丘史学会、2018 年）

共著

　『満州移民 ── 飯田下伊那からのメッセージ』（飯田市歴史研究所編、現代史料出版、2007 年）

　「調査報告　戦後福島県葛尾村松島共栄開拓」（『飯田市歴史研究所年報 16』2019 年）

長野県飯田下伊那の満洲移民関係資料目録

2020 年 6 月 10 日　第 1 刷発行

著　　者　　齊藤 俊江

発 行 者　　小林 淳子

発 行 所　　不二出版株式会社

　　　　　　〒 112-0005　東京都文京区水道 2-10-10

　　　　　　電話 03（5981）6704　　振替 00160-2-94084

　　　　　　http://www.fujishuppan.co.jp

印 刷 所　　三進社

製 本 所　　青木製本

ISBN978-4-8350-8371-1

C3021 ¥1000E

定価（本体1,000円＋税）

不二出版

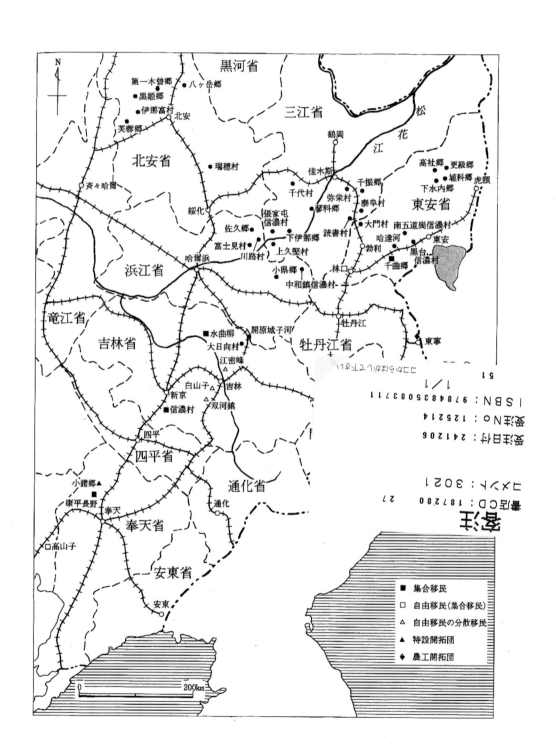